Helmut Seitz · Das ist der Gipfel

W0461912

HELMUT SEITZ

Das ist der Gipfel

Ein Lachbuch für Bergwanderer und solche, die es werden wollen

Zeichnungen
Ernst Hürlimann

Turmschreiber Verlag

ISBN 3-930156-57-1

© Turmschreiber Verlag GmbH Pfaffenhofen
Alle Rechte vorbehalten

Umschlaggestaltung: Siegfried Rist
unter Verwendung einer Zeichnung von Ernst Hürlimann
Satz: Rist Satz & Druck GmbH, Ilmmünster

Printed in Germany 2006

Platzkarten für den Gipfel

Inmitten einer langen Schweißtropfenkarawane hatte der Bergfreund zwei Stunden lang seinen Rucksack und seine Überpfunde gipfelwärts geschleppt. Nun trennte ihn nur noch eine Steinwurfweite vom Ziel seiner Wünsche. Aber da ging's auf einmal nicht mehr weiter. Mißmutig verschnaufte der Bergfreund an der letzten Wegbiegung ein knappes Viertelstündchen. Immer wieder schaute er mit wachsendem Ingrimm zum nahen Gipfel empor. Und schließlich hielt es ihn nicht länger. „Herrschaftseiten", schimpfte er zu den schätzungsweise achtzig bis hundert Bergfreunden über ihm hinauf, „jetzt soll halt amal einer wieder runter-gehn da droben – andere Leut' möchten schließlich auch amal nauf, oder!" So geschehen am beziehungsweise kurz unterm Gipfel des Schafreuter an einem schönen Sonntag, als wieder einmal Münchens Bergfreunde zu Zigtausenden ausgeschwärmt waren. In der Tat, der Schafreuter-Gipfel war überfüllt an jenem Tage, und wer sich partout darauf versteifte, auch einmal neben dem Gipfelkreuz und mit einem Fuß in Österreich und mit dem anderen auf bayerischem Boden zu weilen, der mußte glatt Schlange stehen und warten, bis da droben wieder ein Platzerl frei wurde.

„Wenn des so weiter geht", grantelte der oben erwähnte Bergfreund vor sich hin, „nachher wern s' demnächst in der Tölzer Hüttn drunten noch Platzkarten ausgeben müssen." Das sollte ein Witz sein. Aber niemand lachte darüber. Vielleicht deswegen, weil jeder ahnte, dass diese Bemerkung möglicherweise ein Stück Zukunft vorwegnahm.

Platzkarten für den Gipfel? Mit der Berechtigung, sich beispielsweise von 12 Uhr 15 bis 12 Uhr 30 dort droben aufzuhalten? So absurd ist das gar nicht, zumal wir in den bayerischen Alpen sowieso schon einen ziemlich bekannten Aussichtsberg haben, wo man während der Hochsaison für den Gipfel Eintritt bezahlen muß. Auch die Platzkarten könnte man selbstverständlich nicht unentgeltlich abgeben, und das wäre auch gar nicht nötig. Denn die Zeit ist wahrscheinlich nicht mehr fern, da jeder Bergwanderer gern zwei Mark zahlen wird, wenn er sich dafür ein halbes Stünderl Gipfelglück erkaufen kann.

Man könnt's aber auch anders machen. Indem man beispielsweise die paar Quadratmeter auf so einem Gipfel mit weißen Linien in numerierte Steh- oder Sitzplätze unterteilt und daneben Parkuhren aufpflanzt. Dann kann sich jeder selber entscheiden, wie lange er droben bleiben möchte: eine Viertelstunde um ein Fuchzgerl, eine halbe Stunde um zwei Mark oder vielleicht gleich zwei Stunden für fünf Mark. Da kämen natürlich ganz schöne Summen herein. Wozu man die verwenden soll? Nun, ein Zyniker könnte vorschlagen, der Deutsche Alpenverein möge doch mit diesem Geld durch den Bau von Wegen und Hütten die Berge noch besser erschließen. Aber der Realist und Praktiker wüßte was viel Vernünftigeres. Man sollte nämlich von diesen Gipfelgebühren auf jedem einigermaßen frequentierten Berg eine Damen- und eine Herrentoilette einrichten. Aus ästhetischen Gründen sollte man ein solches WC-Häusl nicht direkt unterm Gipfelkreuz aufbauen – man könnte es ja auch in den Felsen hineinsprengen. Aber wie auch immer: Bauen wird man solche Alpin-WC's bald müssen, denn schon jetzt sind wir ja so weit, dass man an schönen Sonntagen im Gebirge kaum noch irgendwo kann, wenn man muß. Vor lauter Leuten. Es sei denn, man wäre einer von den stillen Genießern, die immer nur auf solche Berge gehen, die kaum jemand mit Namen kennt. Auf jene Mugel also, die nicht imposant aussehen, und wo es folglich auch keine Hütte und keine Ansichtskarten gibt. Wo man aber dafür auf dem (zugegebenermaßen nicht ganz so hohen Gipfel) stundenlang allein die Aussicht und Ruhe genießt. Und wo man jederzeit, wenn's not tut, hinter der nächstbesten Latsche verschwinden kann. Wahrscheinlich auch noch lang nach dem Jahr 2000.

Sprechen Sie Wetter-Wendisch?

Wenn's hier wieder mal saut, so viel bloß runtergeht – was ist dann schuld dran? Mit viel wissenschaftlicher Wortakrobatik erklärt uns das der Lagebericht des Wetterdienstes, täglich nachzulesen in der Zeitung, zu hören im Radio und außerdem bunt und bewegt in der Glotze zu sehen. Von der hochreichenden deutlich ausgeprägten Wolkenspirale eines Sturmtiefs über Holland kann da etwa die Rede sein. Noch weit häufiger kommt jedoch im Wetter-Wendischen das Wolkenband vor (leider viel seltener eine Wolkenlücke), das oft auch noch eine Luftmassengrenze bildet. Zum Beispiel zwischen einer labilgeschichteten Warmluftfront und maritimen Luftströmen polaren Ursprungs. Besonders niedlich: Neulich war sogar mal von großräumigen und hochreichenden Wolkenklecksen die Rede. Wobei man sich fragt, warum ein in München ansässiges Meteorologenteam sowas nicht gleich auf eher bodenständige Art als Dipferlwolken bezeichnet.

Natürlich hat nicht nur jedes Hoch einen Kern über irgendwo, sondern auch jedes Tief. Und letzteres reicht oft als Tiefdruckrinne von da bis dort, hat Ausläufer irgendwohin oder artet gar zum Tiefdruckwirbel aus. Und die Folge für unser Gäu ist dann – so neulich zu lesen im Kurzbericht auf der ersten Seite einer süddeutschen Zeitung – wieder mal „Schauerwetter".

Schauer? Freilich: Solche können einem da schon über den Rücken laufen, zumal dann, wenn in unbehaglichen Jahreszeiten jedes Barometer-Tief auch eins auf dem Thermometer zur Folge hat. Laut Lexikon kommt der Schauer aber nicht von schaurig, sondern vom althochdeutschen „scur", was ursprünglich „Sturm" bedeutet hat. Heute versteht man unter Schauer das, was im Meteorologenwelsch gelegentlich zum „Starkniederschlagsereignis" verwissenschaftlicht wird. Auf Normaldeutsch: Ein meist kurzer, dafür aber um so heftigerer Platschregen.

Aber hat man jemals schon gehört, dass ein Hiesiger solche Schütterer als Schauerwetter bezeichnet hätte? Nein: Sauwetter, hundsgemeins, sagen wir Bergfexe zu sowas im O'Ton Süd. Auch Dreckswetter, dreckats. Oder Mistwetter, miserabligs. Vollends aber stellen sich den Eingeborenen südlich der Donau die Nackenhaare auf, wenn in manchen Medien eine solche Nässelei gar als Sudelwetter bezeichnet wird. Sudeliges kennen und mögen wir überhaupt nicht – ausgenommen das Bayrischzeller Sudelfeld als beliebtes Skirevier und Ausgangspunkt für Bergwanderungen. Aber noch schlimmer: In diversen Radios hört man gelegentlich sogar das Unwort „Schmuddelwetter". Und das klingt für süddeutsche Ohren fast noch unangenehmer als der meteorologische Sachverhalt, den es benennen soll.

Nein, solche Töne wollen wir nicht auch noch mögen müssen, wenn uns schon kaltes Wasser in den Kragen tröpfelt und ein dito Wind ins Gesicht bläst. Hoffentlich passiert uns so ein Sauwetter, so ein saumäßigs, nicht ausgerechnet wieder am Wochenende. Denn da hätten wir schon sehr viel lieber das, was man im amtlichen Wetterwelsch etwa zum Nullniederschlagssolarereignis aufmotzen könnte – statt volkstümlich bloß von sonnig und trocken zu reden. Und das womöglich auch noch bei ungeheuer guter Fernsicht? Da paßt dann nur noch das, was doch tatsächlich auch schon mal an einem wundervollen Herbsttag zur Überschrift einer meteorologischen Verlautbarung wurde: „Bergwanderwetter!"

Nur: Leider ging dann aber just diese Prognose total in die Hose: Als der Föhn kurz nach Mittag jäh zusammenbrach, da wurde man auf dem Abstieg vom Lamsenjoch in die Eng dermaßen eingeweicht, dass ein Bayer für diesen Zustand nur noch ein einziges Adjektiv akzeptieren kann: Nicht total-, nicht klatsch- und nicht pitsche-, sondern bloß soachnaß. (Zugereiste mit Verstehstmichschwierigkeiten werden ggf. schon irgendeinen Einheimischen finden, der ihnen diesen etwas derben Ausdruck ins Hochdeutsche übersetzen kann.)

Der Rucksack für den City-Shopper

Das australische Känguruh hat seinen Beutel vorn. Der hiesige Jungmensch jedoch trägt ihn rückwärtig und haut ihn im Gedränge gern mit heftigen Schwenks seinen Hinterleuten in die Fresse.

Vor allem bei weiblichen Teenytwens ist dieser rückwärtige Utensilien-Behälter allerdings nur noch ein Rucksäckchen. Und nicht mehr einer von den klobigen Touren-Containern jenes Kalibers, wie sie schon seit Ötzis Vorzeiten und jetzt immer noch Wanderer im Gebirge mit sich herumzuschleppen pflegen.

Nein, als Stadtmensch hat „man" einen Cityrucksack, klein und fein, aus Nappa oder Saffian. Für Trachtenlook-Fans gibt es neuerdings eine Rustikalvariante: Den Rucksack in Form einer Kinder-Lederhose – „ein superorigineller Shopper", wie es im Angebot heißt.

Sehr viel seriöser sieht ein anderes Buckelbehältnis aus Polyester und in Sargschwarz aus: Für jene nimmermüden Nachwuchsmanager, die unentwegt und überallhin ihren Kleincomputer schultern und rücklings mit sich rumschleppen – eben im neuen Laptop-Rucksack. Wunder wär's keins, wenn er demnächst auf dem Gipfel des Glungezer einer tatsächlich sein Notebook aus dem Sack holt, um seine Gehzeit, die Route und sonst noch Erwähnenswertes einzutippen und abzuspeichern. Und vielleicht kommt demnächst statt der Aktentasche ja auch noch ein Business-Rucksack.

Was es jetzt bereits gibt: Den Abendrucksack für die Dame. Miniwinzig aus goldschimmerndem Material geschnitten. Da geht ungefähr so wenig hinein wie bisher ins konventionelle Operntäschchen: Lippenstift, Puderdöschen, Kamm. Und dann nur noch der Geldbeutel samt EC-Karte, Ausweis und Führerschein – basta. Sowas aber könnte im Gedränge hintenrum leicht mal abhanden kommen. Erstaunlich deshalb, dass man den City-Rucksack nicht längst als Vorsack trägt. Genau verkehrtherum also, wie es ja auch bei Baseball-Caps als besonders pfiffig gilt.

Allerdings: Beim Rucksack erübrigt sich das sprachliche Verenglishing, denn die Amis nennen dieses Ding genau so wie wir. Man müßte es also nur à la US-Slang aussprechen: Racksaeck – yeah, that's hip!

Aber das alles gilt halt nur in den Niederungen der „Sitty". Was dagegen wir auf unsere Schultern wuchten, wenn uns wieder mal der Berg ruft, das ist weder hip noch schick, sondern bloß praktisch. Und nach der dritten oder fünften Tour auch schon ziemlich angegammmelt – oder um es etwas vornehmer auszudrücken: mehr oder weniger patiniert.

Berghaserl?

Auf der Piste oder im Tiefschnee war das von Anfang klar: Ein weibliches Wesen, das diesen Wintersport betrieb und noch dazu vielleicht auch sehr hübsch anzuschauen war (in heutigen Bekanntschaftsanzeigen heißt der entsprechende Terminus „vorzeigbar" oder „tageslichttauglich") – ein solches dantschiges Madl oder Weiberl lief unter dem Titel „Skihaserl".

Wie ist das aber bei jenen Gebirgsamazonen, die mit den Männern rauf und runter durchaus Schritt halten – sind das etwa Berghaserl? Sowas hat man noch nie gehört. Allerdings auch nichts Schlimmeres wie etwa Bergziege oder Almkuh, was man – im Gegensatz zum Haserl – kaum mehr als Kosenamen gelten lassen könnte.

Dabei wären solche eher despektierlichen Benennungen noch nicht einmal verwunderlich, waren doch in der Frühzeit der Berggeherei Röcke und Mieder samt Inhalt nicht besonders gern gesehen. Nein, den Berg bezwingen, das galt absolut als Männersache und war ganz und gar nichts für das schwache Weib, das mit oder ohne Ohnmachtsanfälle nur zum Bremsklotz und Hindernis wurde, wenn es partout darauf bestand, mit von der Partie zu sein.

Ganz am Anfang, als Bergwandern überhaupt nur in der Schweiz stattfand, stellte der Alpinpionier Balthasar Bullinger in seinem Buch „Picotis itinerarium helveticum" kategorisch fest: „Ein Schweitzer reiß mit Frauenzimmer zu machen, ist ohnmöglich". Geschrieben anno 1757. Das hatte wenige Jahre davor ein anderer Autor namens Johann Jacob Scheuchzger nicht ganz so eng gesehen. Er berichtete nämlich 1746, wie man Weibspersonen über den Gotthardpaß brachte – und der war ja damals noch alles andere als eine autobahnähnliche Asfaltpiste. Die Damen wurden laut Scheuchzger „auf einen Schlitten mit Händen und Füßen angebunden, mit Stroh bedecket, mit grobem Tuch umhüllet, und also fortgeführet, oder vielmehr zu sagen, gleich dem Viehe geschleppet, ohne dass sie die Gefahr der Straß vor sich sehen, oder viel von ihrer ausgedämpften Wärme verlieren".

Auf Tragestühlen wurden Weibspersonen auch später noch von stämmigen Bergführern rauf und wieder runter geschleppt – so anno 1784 auch die Schriftstellerin Marie Sophie La Roche. Aber die beharrte auf einer solchen Bergtour plötzlich darauf, die eigenen Füße zu benützen und sich von den Führern bloß noch stützen zu lassen, und zwar durch „Bergstangen", die sie ihr auf beiden Seiten hinhielten: „Die zwey Stangen waren wie Geländer an einem schmalen Fußsteig, ich hielt mich an und gieng leicht bergauf, indem die reine Luft das Atemhohlen so sanft macht, dass ich die übrigen anderthalb Stunden mit weniger Beschwerden dem Gipfel des Berges zustieg, als die zwo Treppen in meinem Hause." Ja da schau her: Das Frauenzimmer schaffte tatsächlich, was zuvor Mannspersonen „für ohnmöglich" gehalten hatten. Und nicht nur rauf lief sie selber, sondern auch wieder runter, und das sogar im Regen, wenn auch mit noch mehr Hilfestellung: „Zwey Männer hielten an der Seite einen Stock für mich, und ein dritter stützte mich mit der Hand, sagte, wo ich hintreten sollte... ein Bedienter mit dem Regenschirm ging hinter mir, die Träger mit dem Stuhl gleich nachher" – aber der Tragstuhl wurde auch abwärts nicht mehr benötigt: Frau stand und ging auf eigenen Füßen.

Na also, der Bann war gebrochen – aber richtig los ging's mit weiblicher Bergwanderei erst im folgenden Jahrhundert. Um 1860 würden auf Bayerns Bergen von den erstaunten Einheimischen immer mehr „Sommervögel“ gesichtet, wobei die Damen Rüschenröcke bis zum Knöchel trugen. Die Taille war auch im Gebirge bis zum Anschlag geschnürt, und der Hut auf dem Kopf obligatorisch – nicht nur als Schutz vor der Sonne. Dass viele Männer damals immer noch keine große Freude an weiblicher Begleitung auf Bergpfaden hatten, das beschreibt der Münchner Autor Carl Stieler: „Diejenigen, die das Landleben en gros betreiben, schwärmen für Bergpartien. Kein Gipfel ist ihnen zu hoch, kein Fels zu trotzig. Selbst die Damen theilen die Ideen, und dann ist natürlich kein Einhalt mehr. Wer sich jedoch zu einer Bergpartie mit Damen resolvirt, der resolvirt sich zu viel Ungemach. Schon die Vorbereitungen sind so massenhaft wie zum Auszug aus Egypten – Plaids, Kaffeemühlen, Sonnenschirme – alles Mögliche wandert mit zu Berge.“ Und schleppen durfte das alles wahrscheinlich der dazugehörige Gatte oder Pappi – damals war man(n) ja noch Kavalier.

Anfang des 20. Jahrhunderts wurde zwar die Ausrüstung berggerechter. Bei manchen Damen war der Rock, das lodene Gebirgskostüm, immer noch wadenlang – aber etwa zur selben Zeit kamen doch auch schon die ersten noch sehr großräumigen Kniebundhosen auf, zu denen ein weniger praktischer, aber recht fescher Janker mit pludrigen Puffärmeln getragen wurde. Beides entworfen vom damals führenden Alpinmodeschöpfer Carl Moos in München.

Na ja, wie's dann weiterging bis heute, das wissen und sehen wir ja:

Geht man hinter einer Gruppe von Bergwanderern her, kann man Männlein und Weiblein meist nur noch daran unterscheiden, was nah unterhalb vom Gürtel in der Hose ist: Bei Frauen zeigt sich dies meist etwas breiter, fülliger und oft birnenförmig. Aber selbst das nicht bei allen. Und was das Mithalten betrifft – da gibt's längst keine Unterschiede mehr, wie die Münchner Journalistin Edith Eiswaldt 1987 feststellte: „Die Mediziner wissen es eh – die Frauen sind am Berg so stark wie die Männer. Die Höhen vertragen sie sogar besser, und was die Ausdauer angeht, so ziehen sie gleich mit dem angeblich starken Geschlecht."

Trotz allem wissen wir nun aber noch immer und erst recht nicht: Was wäre denn ein passender Kosename für solche unermüdlichen und hochbelastbaren Weggefährtinnen? „Bergkameradin"? Nein danke, das klingt zu rechtslastig nach Blut-und-Boden-Zeiten. „Bergfreundin" oder „Berggefährtin"? Zu ernst, nicht pfiffig genug. Nur: „Berghaserl" paßt ganz sicher nicht. Ob vielleicht jemand von den LeserInnen was Besseres wüßte? Wenn ja, dann sollten Sie es auch den Verlag wissen lassen, auf dass man in der nächsten Auflage solche Vorschläge anfügen könnte.

Die Müll-Lawine

Eines weniger schönen Tages im gar nicht mehr so fernen Jahre irgendwann werden wir vielleicht einmal folgende Meldung in der Zeitung finden:

BERGHÜTTE VERSCHÜTTET

Seit gestern abend versuchen Rettungstrupps der Bergwacht, die verschüttete Pfunzinger Hütte am Kogelsattel auszugraben, um eventuell Überlebende zu bergen. Das gutbesuchte Unterkunftshaus der DAV Sektion Pfunzing war gegen 19 Uhr von einer mächtigen Müll-Lawine verschüttet worden, die hauptsächlich aus Bier- und Colabüchsen besteht. Erfahrene Alpinisten hatten schon des öfteren davor gewarnt, dass die immer bedrohlicher anwachsende Müll-Halde un-

terhalb des Pockinger Horns eines Tages ins Rutschen kommen könnte. Gestern abend haben sich nun diese Befürchtungen bewahrheitet, wobei bis jetzt noch nicht klar ist, ob die Müll-Lawine durch ein Gämsenrudel losgetreten oder vielleicht sogar nur durch den Schuß eines Jägers ausgelöst worden ist.

So ungefähr. Und wenn dies kein Buch, sondern eine Rundfunksendung wäre, dann könnte man jetzt zur akustischen Untermalung im Hintergrund eine Blech-Lawine scheppern und dröhnen lassen.

Ganz so weit sind wir ja zum Glück noch nicht. Aber immerhin schon so weit, dass der arglose Bergwanderer an manchen Stellen der schönen Alpenwelt sich nicht nur vor Steinschlag in acht nehmen muß. Sondern auch vor Büchsenschlag. Nein, liebe Freunde, das ist durchaus kein Spass, sondern die schiere Wahrheit. Wer's nicht glaubt, der möge einmal an einem schönen August-Wochenende von der Grieser Alm über das Stripsenjoch die Steinerne Rinne im Wilden Kaiser hinaufklimmen. Dieser Pfad hat seinen Namen zu Recht, denn er ist wirklich wie eine tiefe Rinne eingeschnitten zwischen der senkrecht aufragenden Fleischbank zur Rechten und dem ebenso steilen Zahn des Predigtstuhls zur Linken. Wobei man außerdem noch wissen muß, dass diese beiden schroffen Zacken für halbwegs geübte Kletterer so was Ähnliches sind wie für den durchschnittlichen München-Besucher das Hofbräuhaus: Da *muß* man ganz einfach einmal dortgewesen sein. Weshalb in der Hochsaison an diesen beiden Gipfeln die Seilschaften grad aufpassen müssen, dass sich ihre Schnürl nicht ineinander verknoten und verhaspeln. Man hört sie auch ständig hoch über sich aus der Wand rufen, wobei man allerdings wegen des Echos nicht recht schlau wird, ob sich die extremen Fexen da droben gegenseitig beschimpfen oder ob sie darüber diskutieren, wer – verkehrsrechtlich gesehen – hier Vorstieg hätte.

Man hört aber noch etwas, wenn man die Steinerne Rinne macht. Nämlich einmal von links und dann wieder von rechts ein blechernes Scheppern: Klack-boing-bäng-ping-dong. Dann weiß man, dass wieder einer von den Sturzhelm-Leuten, die da droben im Seil hängen, sein Bier ausgetrunken hat. Und weil das in einer Saison ziemlich oft vorkommt, haben sich am Fuß der beiden Steilwände schon richtige Büchsen-Halden gebildet. Genau wie droben am Ellmauer Tor, wo die Steinerne Rinne endet und wo jene Tausende von Bergwanderern und Sommerfrischlern Brotzeit machen, die teils von der Grieser Alm und teils von Ellmau hier heraufgekommen sind. Mit Kind und Kegel. Mit Ach und Krach. Und natürlich auch mit Speis und Trank.

Ohne Übertreibung: An diesem Platz ließe sich schon heute leicht ein ganzer Lkw voll Bier-, Limo-, Cola-, Herings-, Streichwurst- und Cornedbeef-Büchsen zusammenklauben. Aber erstens gibt es keine alpinen Heinzelmännchen. Zweitens kann man mit einem Lastwagen sowieso nicht zum Ellmauer Tor hinauffahren. Und deswegen wird die Blech-Halde da droben unentwegt weiterwachsen. Genauso wie die Zahl der Bergwanderer und deren Umweltwurschtigkeit.

Gott bewahre die Gruttenhütte. Die liegt nämlich unterhalb vom Ellmauer Tor.

Kein eingedoster Sonnenschein

Auch Wochen nach den großen Ferien starten auf Deutschlands Flughäfen die Touri-Bomber unentwegt fast vollbesetzt. Denn: Wer seine (hoffentlich) schönsten Wochen des Jahres unabhängig vom Kultusministerium terminieren kann, der tut das gern dann, wenn's hier meist schon frühherbsthochnebeltristtiefkühlnaßgräuslich wird. Wo aber gleichzeitig ein, zwei Breitengrade weiter im Süden mit ziemlicher Sicherheit noch warm die Sonne scheint: Auf irgendwelchen Mittelmeer-Inseln, in Tunesien, auf den Kanaren, Azoren, Malediven, Seychellen, Bermudas oder Bahamas.

Landen diese Nachsaisonler glücklich wieder daheim, dann haben sie allerlei Mitbringsel im Gepäck. Quer(alpha)beet von Andenkenkitsch bis Zuckerrohrschnaps. Nur eines findet sich nicht in ihren Koffern und Reisetaschen – nämlich genau das, was sie alle am liebsten mit heimbringen würden: Jede Menge Sonnenschein, als Vorrat für jene Zeiten, die uns nach Allerheiligen monatelang in unseren heimischen Breiten bevorstehen. Aber Sonnenschein in Dosen gibt es bislang weltweit leider nirgendwo zu kaufen. Auch nicht dort, wo er jetzt noch jeden Tag reichlich und gratis vom Himmel herniedersengt.

Ach, wenn man sich von diesem Überfluß ein größeres Winterquantum einlagern könnte so wie früher mal zentnerweise die Kartoffeln – wir Bergwanderer würden nebst einer Sonnenfalle gleich zwei Rucksäcke auf jeden Gipfel schleppen – einen hinten für Brotzeit, Regenhaut, Feldflasche und sonstige Utensilien. Und einen zweiten vor dem Bauch, den man dann prallgefüllt mit eingesammelter Höhen-Sonne zu Tal tragen könnte. Immer und immer wieder, bis man im Spätherbst einen großen Bottich voll im Keller stehen hätte, wie einst fürs selbergeschnipselte Sauerkraut. Sobald es draußen wieder mal unter aller Sau schweinigelt oder wenn der Himmel wochenlang grau zubetoniert ist, dann könnte man sich trösten: Heute gönnen wir uns mal was Gutes – jetzt machen wir das Sonnen-Faß auf! Oder: Lieben Gästen könnte man als Nachtisch statt des Rumtopfs noch ein Glas eingeweckte Teneriffa-Sonne, Lage Pto. Cruz, Jahrgang 97 kredenzen. Oder auch eine Büchse mit UV-Power vom Wendelstein oder vom Allgäuer Nebelhorn oder gar von einem Himalaya-Gipfel. Und das alles wäre wahrscheinlich besser als jedes Bräunungsstudio mit Kunstsonne aus der Steckdose.

Aber falls sowas machbar würde, dann wäre sicher bald auch Etikettenschwindel im Schwang. Wie es ja auch Leute gibt, die billigsten Fusel in einen nobelteuren Grappa-Flacon umfüllen, um ihren Gästen mit einer Pseudo-Kostbarkeit zu imponieren. Und so wüßte man halt auch bei konservierten Sonnen-Wonnen nie: Stammt die Bestrahlung wirklich aus besten Hanglagen Madeiras? Hat sie sich ein Bergfex tatsächlich auf einem stolzen Dreieinhalbtausender in der Schweiz oder in den Dolomiten eingefangen? Oder wurde sie ganz kosten- und mühelos auf einem heimischen Hochhaus-Balkon resorbiert, abgefüllt und falsch etikettiert? Denn an ein paar Sommertagen zeigt sich ja auch über jeder Großstadt hierzulande mal recht hitzig jene grellgelbe Kugel, die man leider nicht konservieren kann. Schon gar nicht im Viersterne-Fach des Kühlschranks …

Mountaincrossbladebikemotorolling

Wieso nennen wir uns eigentlich immer noch Bergwanderer? Sowas von out und oldfashioned kann man sich heute doch gar nicht mehr leisten. Wo die Bergradler mit ihren 37 Gängen längst nur noch als Mountainbiker fungieren. Also: Dann sind wir ab sofort Mountainwalker. Und wir sprechen künftig vom Walkup und Godown, wo wir jetzt noch auffi und abi harpfen. Wobei der Godown bei den Bikern als Kurvenslide fungiert.

Nun sind wir ja immer sehr froh und freudig gestimmt, wenn wir einen solchen Slider hinter uns runterbolzen hören. Zum Glück kommt das aber vorläufig noch relativ selten vor, einfach deswegen: Bevor einer abisliden kann, muß er ja zuerst einmal auffistrampeln.

Und das ist mühsam, das macht man bloß einmal am Tag. Aber das wird sich ändern. In Tirol hat es im Sommer 99 bereits angefangen: Da können die Biker ihre Gewalttour-Vehikel mit in die Gondelbahn nehmen und sich auffiliften lassen. Ja mehr noch: Der geschäftstüchtige Bahnmanager hält sogar Leih-Bikes parat, und wer sich eines mietet, der kriegt als Zugabe auch noch ein Leih-Handy mit auf den Weg, damit er Hilfe herbeirufen kann, wenn er einen Platten, einen Kettenriß, einen Schaltungsdefekt oder sonst eine Panne hat. Diesen Berg, liebe Mountainwalker, wird mit Sicherheit jeder von uns meiden, wenn er einmal an einem schönen Sams-, Sonn- oder Ferientag beim Godown ganze Horden von vogelwilden Zweiradhunnen im Gnack gehabt hat.

Was da im Tirolischen läuft, das wird alsbald auch anderwärts stattfinden, wo man per Drahtseil oder auf Schienen zum Emporkömmling werden kann. Und es kommt noch schlimmer: Jetzt gibt es ja als neuesten Mountainfun auch schon Crossblading. Ausgeübt wird das mit Inlineskates für Offroad, die sich durch besonders dicke Rollen und eine eingebaute Bremse von gewöhnlichen Asphaltskates unterscheiden, einen guten Tausender kosten und gebirgstauglich sein sollen. Und als ob auch dieser Schmarrn noch nicht reichen täte: Am Nebelhorn im Allgäu verleiht die Bergbahn jene Roller, die zu Opas Kindertagen und in Bayern Radlrutsch hießen. Wer mit der Bahn raufkommt, kann ab der Seealpe die letzten fünf Kilometer runterradlrutschen. Einen Schutzhelm kriegen diese tollkühnen „Downhillroller“ auch gleich dazu. Und mit dem dürfte die Bergbahn sicherheitshalber und gratis gleich alle jene antiquierten Mountainfriends ausrüsten, die sich immer noch per pedes im Gebirge bewegen und dabei all den Bikern, Bladern und Rollern im Weg umgehen.

Glaube aber ja keiner, dass das nun bereits das Ende des Schreckens sei. Was außerdem noch kommen könnte, das läßt eine Motorradweihe befürchten, die der „Free Life M.C. Reit im Winkl e.V." alljährlich im Mai auf der Winkelmoos-Alm veranstaltet. Zu dieser Mountain-Messe mit Weihwasserdripping knattern stets an die 1000 Motorbikes dort hinauf. Und was auf dieser Alm geht, das müßte doch anderswo auch machbar sein, oder?

Im selben Jahr, wo all dieser mountainmobile Outdoorfun zu beobachten war, in diesem selben Jahr las man in einem Fremdverkehrsprospekt folgende schönen Worte:

„Kühe auf den Wiesen, natürliche Butter und frische Milch in der Almhütte, glasklares Wasser im Gebirgsbach – das sind längst keine Selbstverständlichkeiten mehr, bei uns aber überall zu finden. Bei längeren oder kürzeren Wandertouren kommt die Entspannung von der Hetze des Alltags ganz automatisch."

Wer weiß, ob man das auch noch in zehn, zwanzig Jahren schreiben kann? Oder ob dann im Verkehrsfunk auch die Staus auf der Abfahrt vom Nebelhorn oder Kreuzeck durchgesagt werden. Die Vorfahrt ist an kritischen Crossways längst mit Ampeln geregelt, während die Mountainpolice den zähfließenden bis stehenden Verkehr in den Griff zu kriegen versucht. Dazu gehört dann aber auch, das alles mit den Flugrouten und Landebahnen der Drachenflieger und Schirmgleiter ins Lot zu bringen. Und der Gruß der Mountainfans untereinander: Der wird dann vielleicht nur noch „Mountain hai" lauten – oder vielleicht sogar high, was aber in der Aussprache auf dasselbe hinauskäme.

Mit Power auf den Summit

Flower Power? Jaja, wir erinnern uns noch, auch wenn's schon laaang her ist: Woodstock und die Blumenkinder. Ab und an begegnet uns die Power jetzt aber in anderen Zusammenhängen. Zum Beispiel übersetzen Gebrauchsanweisungen für asiatische Elektrogeräte „switch on the power" gern mit „Schalten ein Sie die Macht" oder so. Und was ganz Neues: In Frankfurt fand der 1. Deutsche Power-Frauen-Kongreß statt.

So weit, so gut (oder eher so schlecht). Aber was geht das uns hier an? Ab sofort auch ein bissl was: Offeriert doch jetzt eine Münchner Bigbäckerei ihr kleines Brot (kein „Brötchen"!) als Power-Laiberl. Bei einer Kostprobe festgestellt: Schmeckt gut, das Kraftpaketl – aber das Gefühl, damit auch an die Macht zu kommen, hat man beim Durchkauen eigentlich nicht. Genau so wie ja auch bei einer anderen Weckerl-Sorte namens „Trimmy" keiner erwarten darf, dass er sich durch deren Verzehr irgendwelche Effekte beim Joggen, Schwimmen oder Aerobiken erwarten darf. Beim Bergwandern (sprich: Mountainclimbing) könnte es freilich nicht schaden, so ein Kraftbrot im Rucksack (sprich: Backsack?) dabei zu haben.

Ziemlich gleichzeitig mit dem Pauer-Loawe erfahren wir nun auch von einem Versuch mit jener Schulmilch, die viele Kinder nicht gerade ätzend finden. Als man sie aber in poppiger Verpackung Power-Milch nannte, da schluckten die Kids das weiße Labsal gern und gaben zu Protokoll: Schmeckt echt geil.

Von irgendwo muß uns also wohl wieder mal ein kräftiger Trend reingepowert werden. Mit der Folge, dass man das männliche Pendent zur Power-Frau schon demnächst vielleicht als Power-Protz bezeichnen dürfte. Und einen Angeber als Power-Meier – zum Beispiel einen von jenen, die für den Aufstieg auf jeden Berg immer nur knapp die Hälfte jener Zeiten brauchen, die in Wanderführern angegeben werden. Und wer selber genügend Wadlpower oder Ausdauerpower hat, der sollte solche Typen mal zur Powerprobe herausfordern.

Noch was, um mit full power up to date zu sein: Im Wetterbericht ist doch hierzulande bedauerlich oft von Schauern die Rede. Und zwar am häufigsten dann, wenn man grad eine Bergtour angehen will, auf die man sich schon lang vorausgefreut hat – also, das ist dann doch der Gipfel (sprich: Summit)! Warum nicht das Tief, das uns jeweils so einnässelt, ab sofort in Schauer-Power umbenennen? Falls eine solche auch an diesem Wochenende wieder an die Macht kommen sollte, dann freilich ist es mit Ausflugsplänen in höhere Lagen echt Sauer-Power. Beziehungsweise Essig – wie man bislang noch zu sagen pflegt.

O Wanderer, denk daran!

Am Grasleitenweg von Lenggries-Hohenburg zum Seekarkreuz hinauf steht auf halber Höhe ein schon ziemlich verwittertes Marterl „Zur Erinnerung an den tugendsamen Jüngling Josef Schmid“, welchselber an dieser Stelle im neunundzwanzigsten Jahre seines Lebens recht plötzlich verschied. Lustig ist es verständlicherweise nicht, was auf diesem Marterl geschrieben steht. Aber sehr wahr und lehrreich. Da heißt es nämlich:

Es war um die zwölfte Stund,
er wollte zur Mittagsrast,
da klopft ihm der Todt auf die Schulter
und sprach, jetzt bist du mein Gast.
Wenn du vor diesem Kreuzlein stehst,
o Wanderer, denk daran,
dass das Schicksal wie den lieben Sepp
auch dich ereilen kann.

Die drei letzten Zeilen stimmen zwar immer und überall. Aber ganz besonders in den Bergen. Nur dass dies halt viele Leute nicht glauben wollen und deshalb besagtes Schicksal nach Kräften herausfordern. Indem sie zum Beispiel mit Sandalen und in Shorts bergwärts latschen und nicht nur keine Ahnung haben, sondern auch keinen Notproviant, kein Gespür für Wetterstürze, kein Verbandszeug und überhaupt keine Angst.

Aber auch erfahrene und gut ausgerüstete Wanderer sieht man manchmal aus lauter pressantem Übermut Abkürzungen hinunterhageln, dass man fast annehmen muß, sie wollten gar nicht ins Tal hinunter. Sondern so schnell wie möglich himmelwärts.

O Wanderer: Sei halt gescheit und nicht so stierisch! Nimm dir Zeit und gib obacht! Laß deine Schneid' daheim und nimm lieber eine vernünftige Ausrüstung mit. Denn, o Wanderer, denk daran, dass das Schicksal wie den lieben Sepp auch dich ereilen kann. Besonders dann, wenn du selber kräftig nachhelfen solltest.

Bergbahnen und Bahnberge

In manchen Bergsteigerliedln ist immer noch die Rede (beziehungsweise der Sang) von „einsamen Höhen" und „stillen Gipfeln". Bloß: Wo die sein sollen, davon wird im Text der Strophen nichts Genaueres gesagt. Leider. Denn einsame Höhen und stille Gipfel zu finden, ist heutzutage schon an einem Wochentag recht schwierig, von den Sonntagen gar nicht zu reden. Ganz bestimmt findet man sie aber nicht dort, wo tüchtige Ingenieure ein dickes Seil hinaufgespannt haben, an dem nun mit Sesseln oder in Gondeln stündlich ein paar hundert Leute in die stille Bergwelt hinaufgebaggert werden.

Der Zünftige macht um Berge mit Bahnen meist einen großen Bogen. Denn angesichts solcher Massen von Halbschuhtouristen, Spazierstöcklern und alpinen Kaffeetrinkern wird's ihm gleich ganz zweierlei. Manchmal aber findet man unter all den leger bis modisch gekleideten Bergfahrern tatsächlich doch auch einen, der einen Rucksack auf dem Buckel trägt und auch sonst aussieht wie jemand, der eine Tour vorhat.

Die Sache ist nämlich die: Es gibt etliche recht schöne Touren, die man von der Bergstation einer Bahn aus in einem Tag gut machen kann. Vom Tal aus aber, und wenn man zuerst noch drei Stunden Aufstieg hätte, leider nicht. Also entscheidet sich der zünftige Wanderer, der nur einen Tag Zeit hat, schließlich doch dafür, ausnahmsweise einmal die Bergbahn zu benützen. Aber er tut es nur ungern, und er hat dabei ein so ungutes Gewissen wie seinerzeit in der Schule, wenn er seine Aufgaben nicht selber gemacht, sondern bloß vom Nachbarn abgeschrieben hatte. Und er ist direkt froh, wenn er merkt, dass er nicht der einzige ist, sondern dass sich da noch ein, zwei andere Kollegen aus der Zunft in dieser fast schon sittenwidrigen Weise um den ehrlichen Aufstieg herummogeln. Zum Glück dauert ja so eine Bergfahrt nicht lang. Zehn Minuten meistens bloß, oder eine Viertelstunde schlimmstenfalls. Aber das reicht. Denn die Konstrukteure einer Seilbahngondel schreiben zwar hin, dass da drin 30 oder sowas Leute Platz hätten. Nur dass sie dabei bloß lauter Dünne eingeplant haben und nicht Urlauber mit stattlichen Sitzbäuchen und Urlauberinnen mit gewaltigem Heck und ausladendem Vorbau. Und genausowenig wurde bei ihren Raumberechnungen ein Rucksack mit einkalkuliert. Deshalb ist die Fahrt in einer Bergbahn-Kabine häufig ein ebenso hautnahes und bedrückendes Erlebnis wie der Transport in einem Großstadtbus zur höchsten Stoßzeit. Und dazu dann noch nach jeder Stütze, wenn die Kabine ein bissl schaukelt, das schrille Gekreisch von sieben bis zehn nicht ganz schwindelfreien Damen, die es in den Eingeweiden kitzelt. Und ausserdem die ungeheuer witzigen Bemerkungen mancher männlicher Passagiere. Wie zum Beispiel: „Achtung, an der nächsten Stütze alles aussteigen!“ Oder: „Kiek ma, da drüben, siehste die Jemse? Die is wohl jerade beim Jemseneierlejen! Ha – Ha – Ha!“

Nein, lang könnte man sowas wirklich nicht aushalten. Und um es möglichst schnell und möglichst weit hinter sich zu haben, bleibt der Zünftige an der Bergstation keinen Augenblick stehen, auch wenn die Aussicht noch so verlockend wäre. Er reisst sich sofort am Rucksackriemen und schlägt ein Tempo an, als ob er heute noch das Matterhorn zu bezwingen hätte. Dabei will er ja bloß möglichst viel Distanz zwischen sich und allem anderen bringen, was die schwebende Sardinenbüchse sonst noch auf einsamer Höhe ausgespuckt hat.

Die ganz stillen Genießer aber machen sowieso ganz was anderes. Die suchen sich nämlich für ihre Wanderung justament immer nur solche Berge heraus, wo eine Bahn hinaufgeht. Obwohl sie keineswegs die Absicht haben, mit dieser Bahn zu fahren. I wo: Diese Schlaumeier gehen einen solchen Bahn-Berg zu Fuß an. Und haxln ihn auch wieder hinunter. Und das aus gutem Grund. Denn wenn es auch droben, etwa in Jodelweite rings um die Bergstation, ganz fürchterlich zugeht, so hat man doch auf dem ganzen Weg hinauf und hinunter meist so viel Ruhe, wie man sie heute auch auf einem noch bahnlosen Berg nur mehr selten findet.

Man darf sich allerdings in so einem Fall nichts daraus machen, wenn man von anderen mit mitleidig-spöttischen Blicken betrachtet wird. Denn wenn da ein Mensch schwitzend und mit hängender Zunge einen Berg hinaufgeschnauft kommt, wo er bequem hinauffahren könnte, dann kann man bei denen, die da droben auf der Terrasse des Bergrestaurants fein geschniegelt bereits vor ihrem Schweinsbraten und vor dem Alpenpanorama sitzen, recht deutlich an den Gesichtern ablesen, was die sich denken. Nämlich, dass es doch eigentlich bloß zwei Gründe geben kann, warum dieser Mensch sich stundenlang bergauf schindet: Entweder hat der arme Hund kein Geld, um sich die zwölf oder sowas Mark für eine Berg- und Talfahrt leisten zu können. Oder aber, er hat halt eine Meise oder Macke. Aber wie dem auch sei: Auf jeden Fall hat er Hunger und Durst. Und wenn er sich nun nach all der Plage eine handfeste Brotzeit und eine herrliche Radlermaß schmecken läßt, dann hat er sich diese Freude redlich verdient. Und er darf dabei ein mindestens so gutes Gewissen haben wie eine Hausfrau, wenn sie mit Tenor, oder wie das heißt, gewaschen hat.

In aller Stille (?)

Der Mensch gewöhnt sich zwangsläufig an (fast) alles – auch an den Umwelt-Radau. Im Grunde seines Herzens sehnt er sich aber immer noch nach Stille.

Nun hat zwar jeder in seiner Wohnung einen kleinen Raum, den man „das stille Örtchen“ nennt. Aber der Name täuscht – wirklich geräuschlos ist's auch dort nicht. Schon gar nicht, wenn die Wohnung an einer Hauptstraße oder direkt unter einer Einflugschneise liegt.

In der Großstadt könntest du Stille auch kaum wo kaufen – du kannst sie nur suchen, und zwar am besten außerhalb. Mag sein, dass man irgendwo am Waldrand einen Stellplatz findet, wo noch überhaupt kein Auto parkt. Von dort wandert man allein fürbaß und querwaldein, bis man auf eine idyllische Lichtung kommt – und siehe (oder besser: höre!): Hier ist es tatsächlich echt still, abgesehen vom leisen Rauschen der Baumwipfel und vom Zwitschern etlicher Vögel.

Tja – und dann macht es mitten in diese Stille hinein plötzlich laut „Tucktucktucktuck!“ Weil nämlich ein fleißiger Ökonom ganz in der Nähe seine Wiese mäht. Nicht mit der Sense, sondern per Traktor, was sonst.

Oder man vernimmt mehr und mehr, dass nahe der idyllischen Lichtung eine Autobahn verläuft. Oder eine stark frequentierte Bahnstrecke. Sollte aber wirklich am Boden nichts Lärmiges in der Nähe sein, dann bleibt immer noch das Firmament, wo ein Hubschrauber rumknattert oder ein Bundeswehr-Jäger mit Rambazamba gegen die Schallmauer düst. So dezibelstark, dass kein Goethe mehr dichten würde: „Über allen Wipfeln ist Ruh …"

Etwas anders verhält sich das – nicht immer, aber doch oft – auf den Bergen, wo laut Liedtext die Freiheit wohnt. Und wo der Mensch und somit sogar auch das zugereiste Nordlicht seine königlich-bayrische Ruhe hat. An Wochenenden zwar weniger, wenn ganze Sippen, Freundrudel und Vereine auf vielen Gipfeln um ein paar Quadratdezimeter Standfläche rangeln. An ganz gewöhnlichen Werktagen außerhalb der Urlaubszeit aber. Und auf Bergen, wo keine Gondelbahn und kein Sessellift auch die gehfaulen Säcke raufschleudert. Wo man also höchstens ein, zwei Gleichgesinnte antrifft, so man nicht überhaupt ganz allein ist. Dort streckt sich dann der Mensch beglückt ins Gras. Schaltet seinen Stereo-Portable auf die Jazz-Welle oder Radio Ruckizucki und genießt sein Gipfelglück.

Zwar ziemlich lautstark – aber in aller Stille …

Sag's mit Goethe!

Oder: Literatur fürs Gipfelbuch

Ob man dir bei einer Einladung das Gästbuch reicht. Oder ob die Spezln dich dazu drängen, was Lustiges in ein Gipfelbuch zu schreiben: Das Gehirn gibt in solchen Fällen wenig mehr her. Witzig? Einfallsreich? Geistvoll? Und das nach drei Stunden steilem Aufstieg in praller Sonne und mit hängender Zunge? Ach wie gut, hat man ein Zitat parat, falls einem selber nix einfällt. Und sei's vielleicht auch ziemlich seicht oder überkandidelt: Wer würde was zu sagen wagen gegen eine Sentenz von anerkannten Dichtergrößen wie Goethe, Schiller, Heine, Klopstock, von einem weisen Chinesen, einer hochkarätigen Fürstin – undsoheiterweiter!

Deshalb hier als Service für ermüdete Bergwanderer eine Auswahl von thematisch passenden Literaturzitaten zum Abschreiben fürs Gipfelbuch:

Ich steig' hinauf auf Berges Höh',
dort ist man doch alleine,
und wenn ich still dort oben steh',
dann steh' ich still und weine.

HEINRICH HEINE

Unzugänglich schien der Gipfel;
nun begeh'n wir ihn so leicht.
Fernverdämmern erste Wege,
neue Himmel sind erreicht.

HANS CAROSSA

Auf den Bergen ist Freiheit!

Friedrich von Schiller

Über allen Gipfeln ist Ruh',
in allen Wipfeln spürest du
kaum einen Hauch...

Wolfgang von Goethe

Wo die blauen Gipfel ragen,
lockt so mancher steile Pfad.
Immer vorwärts ohne Zagen,
bald sind wir dem Ziel genaht.

Zschische

Sei mir gegrüßt, mein Berg,
mit dem rötlich strahlenden Gipfel!

Friedrich von Schiller

Gemach führt der Berg hinauf,
bergauf sachte,
bergab achte,
gradaus trachte!

Karl Simrock

Wer den höchsten Gipfel erstieg, ist zu stolz,
auf dem zweiten sich zu zeigen.

Friedrich Gottlieb Klopstock

Auf grünem Berge wird geboren
der Gott, der uns den Himmel bringt.

Novalis

Euch engen Berge ein – mir zeigt ihr scharfer Saum
nur umso grausiger den grenzenlosen Raum.

CHRISTIAN MORGENSTERN

Nur Bergeshäupter standen hart und nah,
ein finstrer Richterkreis, im Düster da.

ANNETTE VON DROSTE-HÜLSHOFF

Man muß auf dem Berge stehen,
wenn man die Form der Flüsse gewahren will.

MAX BROD

Den schreckt der Berg nicht, der darauf geboren.

FRIEDRICH VON SCHILLER

Nur auf dem Berg blüht Edelweiß –
je steiler die Pfade, je schöner der Preis!

FRIEDA SCHANZ

Steile Berge hinansteigen
fordert im Anfang langsame Schritte.
Sprich nicht ..., ehe du über den Berg bist.

KARL SIMROCK

Lebt wohl, ihr Berge, ihr geliebten Triften!

FRIEDRICH VON SCHILLER

Es geht gut – der Berg ist überschritten.

KÖNIG FRIEDRICH II. V. PREUSSEN

Wer einmal den mühsamen Aufstieg
auf einen Berg gemacht hat,
um dann oben am Gipfel Brotzeit zu machen,
ist sicher glücklicher als derjenige,
der mit dem Hubschrauber hinaufgeflogen ist.

Fürstin Gloria von Thurn und Taxis

Jede Stunde Bergeinsamkeit ist Ewigkeit

Dang Tse Li

*

Es gibt aber auch einige Liedertexte, die bei solchen Gelegenheiten zitierreif wären – zum Beispiel:

Da droben auf jenem Berge,
da steh' ich tausendmal,
an meinem Stabe gebogen,
und schaue hinab in das Tal.

Johann Wolfgang von Goethe

O Täler weit, o Höhen,
o schöner grüner Wald,
du meiner Lust und Wehen
andächtger Aufenthalt!

Joseph Freiherr von Eichendorf

Im Frühtau zu Berge wir gehn – fallera –,
es grünen die Wälder, die Höh'n, – fallera – .
Wir wandern ohne Sorgen
singend in den Morgen,
noch ehe im Tale die Hähne krähn.

Textdichter unbekannt

Von da an ging's bergab!

REFRAIN EINES CHANSONS VON HILDEGARD KNEF

Wenn der Schnee von den Alpen wegga geht
und im Frühjahr wieder alles grün dasteht,
wenn ma hört die Kuahla lauta und die Kalm,
no gehn ma auffi wieder auf die Alm.

VOLKSLIED, 19. JAHRHUNDERT

*

Reicht's jetzt für die Gipfelbücher der nächsten zehn Jahre? Für besonders eifrig Aufwärtsstrebende gäbe es aber auch noch ein paar passende Sprichwörter und Redensarten:

Lobe die Berge und bleibe im Tal!

*

Hinter dem Berg wohnen auch Leute.

*

Berg und Tal kommen nicht zusammen,
wohl aber Menschen.

FRANZÖSISCHES SPRICHWORT

*

Bergauf ist eine Last, doch oben süße Rast.

*

Wenn der Berg nicht zum Propheten kommen will,
muß der Prophet zum Berge gehn.

BIBEL, ALTES TESTAMENT

Überm Berg sein.

Deutsche Redensart

*

Übern Berg mit Underberg!

Deutscher Reklamespruch

*

Er isch über Berg und Bühel.

Allgäuer Redensart

Ansichtskarte aus BY

Guckt mal: Auf den Hinterschrofen,
den ihr vorn im Bilde seht,
sind wa gestan ruffgeloofen
(fast zwotausend, wie's da steht).

Essen is hier gut bis prima,
bloß das Volk vastehste nicht,
weil man hier – liegt wohl am Klima –
immer wie beim Gurgeln spricht.

Nach der Bergtour war'n wa feiern:
Heimatabend mit viel Bier.
Sind fast selbst schon Ober-Bayern –
und recht herzlich grüßen wir!

Alles für den Alpinauten

Irgendwo in den Tauern liegt der Schnee auch im Mai noch so hoch, dass er bis zum nächsten Winter gar nicht mehr wegtauen kann. Und sicher wird es einige Fans geben, die das ausnützen und in ihrem Sommerurlaub statt zum Baden zum Skifahren verreisen. Aber auf diese kleine Minderheit können die Sportgeschäfte keine Rücksicht mehr nehmen. Deshalb haben sie die letzte Garnitur Ski schon nach Aschermittwoch in den Keller gestellt, und nun zeigen sie in den Schaufenstern alles das, was der sportliche Mensch in der Sommer-Saison braucht, wenn er einigermaßen „aptudeht“ sein will. Ob er nun Tennis spielt oder die Segel setzt, oder ob für ihn das Freizeitglück dieser Erde auf dem Rücken braver Pferde liegt.

Am eindrucksvollsten sind aber zweifellos jene Fenster, in denen all das gezeigt wird, was ein Bergfex heutzutage in seinem alpinen Urlaub mitnehmen muß. Freilich, wer bloß schnell einmal mit der Kabinenbahn wo hinauffährt, um dann eine gemütliche kleine Gratwanderung zu machen, für den tun's nach wie vor ein Paar Leichtbergstiefel und eine Bundhose. Und wenn er sich dazu dann vielleicht noch einen kleinen Brotzeitrucksack und einen Filzhut leistet, dann ist er für solche Touren zünftigst gerüstet.

Viel teurer wird das Hobby dagegen bei jenen Leuten, die ausgetretene Wanderpfade verschmähen, weil für sie nur ein einziger Weg nach oben führt, und zwar der vertikale. Wer da meint, ein solcher Senkrechtstarter käme heute noch wie in Opa Trenkers Jugendtagen mit ein paar Metern Reepschnur, einer Garnitur Kletterschuhe und einigen Haken aus, den wird ein Blick ins Schaufenster rasch eines Besseren belehren. Denn was dort so dekorativ aufgebaut ist, das erinnert eigentlich nur noch wenig an zünftige Kraxler und Bergkameraden. Sondern teils an die Ausrüstung von Astronauten. Und teils an die eines Untertagearbeiters, der – allem Anschein nach doch nicht nur zufällig – ja auch Bergmann genannt wird. Jedenfalls: Der Plastikhelm mit der draufgeschnallten Stirnlampe würde sich ebensogut zur Arbeit vor Ort auf Sohle 17 eignen wie zum nächtlichen Biwak in der Dingsstein-Südostwand. Wogegen der daunengefüllte Hochtouren-Spezialanzug wieder mehr an den Mond-Look der Apollo-Besatzung erinnert.

Steigeisen, Eispickel und Kletterhammer hatte der Gipfelstürmer ja auch früher schon dabei. Und ebenso ein paar Haken. Aber was war das alles gegen das ungeheuer reichhaltige Sortiment an Eisenwaren, mit dem man sich heutzutage zum Gipfel emporschlossert. Angesichts dieser vielen Spiral-, Winkel-, Spezial-, Ring-, Z-Profil-, Universal- und Sicherheits-Felshaken vermißt man fast eine handliche, batteriegetriebene Schlagbohrmaschine, mit der sich die passenden Löcher in die Alpen dübeln lassen: eine alpine Abart der bewährten Heimwerkermaschinen. Aber sicher wird auch dieser Bergwerker noch kommen, und ebenso die gebrauchsfertige Schnellzementmischung im luftdichten Frischhaltebeutel zum Einbetonieren der diversen Kletterhilfen. Obwohl natürlich im Rucksack nicht mehr viel Platz ist, denn da hat man sowieso schon die Firngleiter, die Schneereifen und den Spezial-Bergsteiger-Regenschirm drin. Ganz abgesehen von der Gletscherbrille, dem Biwaksack, dem Proviant und dem Dosenkocher. Neben so viel schwerem Zubehör fallen natürlich ein paar andere kleine Ausrüstungsgegenstände wie die Bussole mit Neigungsmesser und das Höhenanzeigegerät mit Barometerskala schon gar nicht mehr ins Gewicht.

Das alles ist natürlich eine imponierende Schau, und gerade vor solchen Sonderfenstern für Alpinauten und Gebirgsingenieure stehen immer besonders viele Männer, die sich vom Anblick dieser Bergwerkstattausrüstung gar nicht mehr losreißen können. Und zwar sonderbarerweise nicht nur junge Kraftpakete und drahtige Muskelbündel, sondern auch ältere Herren von solchem Kaliber, dass man ihnen die Watzmann-Ostwand oder die Fleischbank-Direktführe bestimmt nicht mehr zutraut. Denn so ziemlich der einzige Berg, den diese Wampenträger noch mit Leichtigkeit schaffen, ist ihr täglicher Underberg.

Alpincontainer à la Mode

Eigentlich hätt's noch Zeit – mit der richtigen Bergwandersaison ist es erst im Frühherbst so weit. Andererseits: Wann kriegt man einen neuen Rucksack wieder mal so superbillig wie im Vorsommerschleuderschlussverkauf? Ein Alpincontainer (bisher 249,90) wird dir da um fast geschenkte 129,95 nachgeworfen. Das Geilteil heisst mit Vornamen Pumori, hat verstellbares Vari-Quick-Tragesystem, Haupt- und Bodenfach mit austrennbarem Zwischenboden und Kompressionsriemen – für was immer die gut sein mögen.

Also: Sofort zugeschnappt ... oder? Da ist noch ein anderer sehr hübscher Backbag im Sonderangebot (ebenfalls in modischem Sargschwarz und Schamrot). Heisst Easy Walker und kostet (bisher 139,95) mit nur 69,95 glatt um ein Fümferl weniger als 70 Markl! Dabei hat der sogar eine Deckel- und eine Wertsachentasche sowie ein Nasswäschefach. Aber es ginge sogar noch billiger, denn einen knallblauen Big Pack namens Tiki bekämst du statt bisher 99,90 jetzt schon um 59,95 – und das trotz des durch Airzone vollbelüfteten Netzrückens.

Hmm ... welcher soll's denn nun sein? Je länger man die durchgekreuzelten Angebote vergleicht, desto größer die Verwirrung. Weil: Genau wie beim Einkauf vieler anderer Outdoor-Fun-Artikel – vom Tennisschläger bis zum Radlbike – bräuchte man heute mindestens jenes hochspezialisierte Fachwissen, das der Verkäufer oft genug leider auch nicht hat. Beispielsweise MLS-Tragesystem? Oder: Kompressionsgurte. Brustgurt. Hüftgurt. Aufgesetzte Netztasche. Integrierte Regenhülle: Lauter Vokabeln aus dem rucksackologischen Fachwelsch, das man beim letzten Einkauf anno 1979 noch nicht zu kennen brauchte. Noch dazu gibt es ausgefallene Spezialmodelle wie den asymmetrischen Retro(??)- Rucksack mit Handy-Halterung. Oder gar einen Picknick-Rucksack mit Kühlfach.

Soll man nicht vielleicht doch seinen unverwüstlichen alten Klamottenbehälter weiter tragen? Auch wenn der tarnfarbig, total verfleckt, verdreckt und verschossen ist? Aber wahrscheinlich kann man sich schon bald auch im Gebirge nur noch mit den neuesten Backsack-Kreationen in den jeweiligen Modefarben des Jahres sehen lassen, wenn man nicht als krasser Gammel-Rübezahl verachtet werden will.

Fit für den Freiluft-Mampf?

Angenommen, das würde im Wetterbericht nicht nur angesagt, sondern tatsächlich auch wieder mal stimmen für dieses Wochenende: „Trocken und viel Sonne bei angenehm sommerlichen Temperaturen: Ja ... was machen wir denn dann? Dumme Frage: Rauf aufn Berg, was sonst! Und für den Fall, dass am Ziel und auch unterwegs keine bewirtschaftete Hütte sein sollte, wird selbstverständlich eine gehörige Menge Brotzeitliches in den Rucksack gepackt.

Freilich, in Zeiten, wo die Mark nicht mehr immer so locker zu ergattern ist wie ehedem, da werden sich manche vielleicht auch deshalb lieber wieder auf einer kostenlosen Bergwiese ihr mitgebrachtes SB-Billigbuffet selber servieren. Und genau dafür schlug ein Ernährungs-Fachpressedienst uns Gewohnheitsmampfern zur Abwechslung ein bisschen was anderes und Aparteres vor. Nämlich: Als Alternative zu den herkömmlichen „Hackfleischbällchen“ (auf südbairisch Fleischpflanzl) dürften es auch mal Kräuterbällchen sein, aus feingehacktem Lauch, Paprika und Möhren (O'Ton Süd: Gelbe Ruam). Ein ebenso kühn-exotischer Vorschlag: Statt dem ewigen Kartoffelsalat im Glas probiere man mal Linsenbouletten mit Pflaumen-Chutney. Oder Wirsingblätter, gefüllt mit einer Mischung aus Schafskäse, geschrotetem Dinkel, Zwiebeln und frischem Thymian. Undsoweiter – lauter ungewöhnliche Tips für jemand, der sowas mag und der die kalten Schnitzel, die fette Salami, die süßsauren Gurken, die gedörrten Landjäger und die trockenen Käsescheiben längst bis oben hin satt hat.

Auf jeden Fall aber wird uns das oberste Gebot für jede Outdoor-Mahlzeit verkündet: Die Speisen müssen allesamt picknicktauglich sein. Was immer das heißen mag – es ist bloß die halbe Wahrheit, denn aus Erfahrung wäre hinzuzufügen: Der Mensch hat diese Eigenschaft ebenfalls aufzuweisen. Und das heißt: Er sollte eine Stunde lang auch im feuchtkühlen Gras hocken können, ohne eine handfeste Blasenentzündung mit heimzubringen. Man muß ferner geruchsindifferent sein gegen das Aroma von Kuhfladen auf der Brotzeitwiese. Nicht picknicktauglich ist jedoch auch jedermannfrau, den oder die Ameisen in der Unterhose oder im Nudelsalat irritieren. Das gleiche gilt für Leute, die nicht in der Lage sind, ihre Flaschen ohne den daheim vergessenen Stopselzieher oder Kapselheber zu öffnen. Außerdem zeichnet eine stoische Wurstigkeit gegenüber Schnaken und Schnecken, Fleischfliegen, Wespen, höhere Ozonwerte, Heuschrecken und Gräserpollen den Bergpicknicktauglichen der Topklasse aus, der alles das unbeschadet und streßfrei überlebt.

Selbst die hartgesottensten Open-air-Fastfoodindianer stecken sowas aber bloß deswegen immer wieder weg, weil es glücklicherweise nur an Berg-Wochenenden angesagt ist. Und weil sie es sich zum Ausgleich von Mon- bis Freitag in der Betriebskantine als gutbürgerliche Mitteleuropäer gepflegt schmecken lassen können: Unverschwitzt, mit sauberen Händen und an einem – hoffentlich – auch einigermaßen appetitlich gedeckten Tisch.

Überalleskenner

Auf jeder besseren Party trifft man leider mindestens einen jener Typen, die angeblich alles kennen und schon überall gewesen sein wollen. Vor allem: Immer schon viel früher als kaum wer sonst. Damals, als das echt noch was war – aber heute? Hat doch längst keinen Sinn mehr!

Du hast kürzlich zum erstenmal London besucht? Ach Gott – vor spätestens 25 Jahren hättest du hinfahren sollen! Na, aber warst du denn wenigstens auch im St. James Inn in der Tottenham Road? Neiiin?? Ja dann hast Du doch von London kaum was mitgekriegt. Aber egal: Dort kann „man" ja heutzutage eh längst nicht mehr hin.

Wäre das Gespräch zufällig statt London auf Paris gekommen, auf Bangkok, St. Petersburg, Kinshasa, Peking oder Los Angeles: Der Überalleskenner hätte in etwa dasselbe dahergelabert. Denn es gibt keinen Punkt auf dieser Erde, wo er nicht schon gewesen wäre – selbstverständlich immer bereits damals, bevor der Tourismus das alles kaputtgemacht hat.

Fällt das Stichwort Konzert, winkt der Überalleskenner nur müde ab: Wer die Soundsovielte von Ludwig van Dingsda schon vor 30 Jahren unter dem frühen Herbert von Karamalz gehört hatte (wenn nicht gar noch unter Knurzquengler), für den kommt danach nichts mehr, was der Rede wert wäre. Oder: Das berühmte Stück vom Sowieso in den Münchner Kammerspielen? Nun jaaa – aber da hätte man mal die Inszenierung vom Zadek in der Schaubühne am Lehniner Platz in Berlin sehen müssen – damals, als die Mauer noch stand! Undsoweiter.

Dasselbe erlebt man auch, wenn die Rede aufs Bergwandern kommt. Und wenn man erzählt, man sei letzten Sonntag auf dem Oberhinterjoch gewesen. Sofort hakt der Überalleskenner und Bessermacher nach: Wie lange man denn da hinauf gebraucht habe? Ach du liebes bisschen: Dreieinhalb Stunden??? Das muß ja das reinste Schneckentempo gewesen sein! Denn dieser tolle Typ hat denselben Aufstieg angeblich locker in nur zwofuffzehn erledigt. Und runter ist er in knapp fuffzig Minuten gekommen – auch wenn in jedem Wanderführer dafür mindestens zwei Stunden drinstehen. Außerdem: Das Oberhinterjoch ist doch eh nur ein besserer Maulwurfshaufen für Anfänger und Flachländler aus der norddeutschen Tiefebene oder Holland. Mit sowas gibt sich der Franz-Messner-Verschnitt oder der Louis-Trenker-Nachfolger schon längst nicht mehr ab. Unter Dimensionen wie jenen vom Montblanc ist für den nix mehr interessant – und selbst sowas macht er schnell mal zwischendurch am Wochenende. Im Urlaub aber ist er entweder irgendwo im Himalaja oder auf dem Kilimandscharo. Warst du da denn auch schon mal? Neeeein? Na, dann kannst du doch bei Thema Berge überhaupt nicht mitreden.

Manchmal würde man solche Leute am liebsten dorthin wünschen, wo der Pfeffer wächst. Aber was soll's: Da waren die sicher auch schon. Und zwar vor mindestens zwanzig Jahren, als man dort und damals noch nicht auf Hinz und Kunz getroffen ist. Bleibt für einen solchen Angeber also nur die Empfehlung, er möge sich doch zum Teufel scheren. Und zwar am besten jetzt gleich, bevor irgendwann mal auch Krethi und Plethi zur Hölle fahren. So weit es sich aber um die Angeber in Sachen Berg handelt: Die sollte man – ihrem Drang zum Höheren bis Höchsten entsprechend – lieber auf den Mond schießen. Ohne Rückfahrkarte ...

Beschriftung gen Himmel

Das ist auch auf Erden so bei den Tram- und Bus-Piloten: Da sind etliche zur Durchsage der Haltestellen fast zu maulfaul. Wogegen andere gern weitere Hinweise von sich geben oder uns vielleicht sogar mit einem munteren Scherzwort erheitern. Und so halt auch bei den Männern im Cockpit einer Charter-Maschine.

Gewiß: An Bord willkommen heißen tun sie allesamt uns verehrte Gäste, die sie heute nach Mallorca oder Antalya oder sonstwohin fliegen zu dürfen das (angebliche) Vergnügen haben. Aber danach nuschelt ein Kapitän Knapp oder Kurz nur noch die nötigsten Daten über Flugzeit, Reiseroute, Wetterlage und voraussichtliche Ankunft ins Mikro – basta. Ein andermal aber sitzt vorn in der Kanzel ein Herr Schwätzke, der vielleicht fast lieber Geschichtenerzähler, Conferencier, Quizmaster oder Moderator geworden wäre. Und bei dem werden die Lautsprecher nicht mehr kalt.

Kaum dass so einer den Vogel von der Startbahn abgehoben hat, verteilt er sofort geographische Hinweise: Links unten, meine Dam'd'errn, sehen Sie unsern Flughafen, unter unserer rechten Tragfläche kommt nun gleich der Sowiesosee ins Blickfeld, hinter uns leicht im Dunst Bad Dingsdorf undsoweiterundsoweiter. Vor allem aber macht der informative Luftkutscher bei einem Flug über die Alpen am laufenden Band auf Gipfel aufmerksam. Auf solche, die jeder kennt wie den Großglockner oder die Zugspitze. Aber auch auf andere wie das Schöpsenjoch, den Hohen Pfifferling, den Rauhhut oder das Gelljoch. Und da zeigt sich nun ein erhebliches Manko in diesem unserem Lande: Im Gegensatz zu Straßen und Orten, die alle entweder mit

Namen und/oder Nummern gekennzeichnet sind, bleiben Berge und Täler schlampigerweise völlig unbeschildert. So dass sich kein Überflieger je ganz sicher sein kann: War das da unten nun wirklich der Große Krempling? Gerade für passionierte Bergwanderer, die sich ja sonst dem Gipfel nur mühsam von unten nä-hern, wäre das doch hochinteressant: Wie sieht denn der – beispielsweise – Glungezer, den man schon mehrmals bestiegen hat, von senkrecht oben aus? Und wie die Hochiß, der Säuling, das Fellhorn, der Schinder, die Mädelegabel? Aus den Hinweisen des Flugkapitäns Schwätzke läßt sich all das leider nicht einwandfrei orten. Weil: Der sitzt im Cockpit und hat den Vorblick auf alles. Du aber hockst irgendwo in Reihe A 23 weit hinten und kannst nur einseitig aufs Gelände schielen.

Da müßte endlich mal terrestrisch für mehr Durchblick gesorgt werden, indem man alles topographisch Herausragende gut lesbar auch himmelwärts beschildert. Das gilt vor allem für bemerkenswerte Berge, desgleichen aber für wichtigere Städte, denn der Passagier möchte ja auch aus der Vogelperspektive entdecken, wo er vielleicht schon mal am Boden war. Wobei er sich ohne Namensschilder aber nie sicher sein kann, ob es sich beim mutmaßlichen Salzburg nicht doch eher um Reichenhall oder Innsbruck handelt. Denn auch Häuser-Breie sehen sich von oben so verwirrend ähnlich wie etwa das Schruifkar, die Hochnadelspitze oder die Breite Flanke.

Andererseits: Kann uns das alles nicht eigentlich ganz egal sein? Na klar: Schon gar auf einem Flug in den Urlaub nach ganzwoandershin. Und erst recht bei dichtem Bodennebel ...

Ein Feriengast meutert

Kinderkinder, diese Berje
sind schon eine dolle Wucht!
Bloß die ollen Bayernzwerje –
denen fehlt ja jede Zucht.
Dialekt wie Hottentotten,
man vasteht keen Sterbenswort.
Ach herrje, du krie'st die Motten –
dieser Aufstieg is ja Mord!
Wär ich anne See jefahren,
läg' ich jetzt bequem im Sand.
Mann, jetzt bräucht ich einen Klaren
und'n Bier. O Heimatland!
Eines is mir klarjeworden:
Keiner kriegt dich hier mehr her!
Lieber bleibste gleich im Norden
oder fährst ans Mittelmeer.
Edelweiß? Is nich zu haben.
Fensterln kennt man auch nich hier.
Auf der Alm nur Sennerknaben.
Keine Sünd', kein Souvenir.
Mann, ich glaub', jetzt bin ich oben –
na, da biste aber froh!
Muß mich direkt selbst mal loben ...
Zickezackeholdrioh!

Talk on top

Ein Wichtigmann konnte unlängst in einer sehr kritischen Situation seiner Firma nicht erreicht werden, denn er war weder im Büro noch daheim, sondern auf einer Bergwanderung. Ja und? Der wird doch wohl sein Handy im Popowimmerl oder griffbereit am Gürtel dabei gehabt haben? Nein, hatte er nicht. Denn dieser Multimanager besitzt gar keins – behauptet er jedenfalls gern. Ja wenn so einer schon nicht – wer denn dann? Offenbar so gut wie niemand. In einer Fernseh-Talkshow mit drei VIPs (darunter ein Filmproduzent!): Alle drei wiesen sie unisono die Zumutung weit von sich, sowas zu besitzen. Nein danke, derlei Stillekiller seien ihnen schon bei anderen Leuten oberzuwider.

Das reimt sich schwer zusammen mit folgender Anzeige: „Wenn Sie Ihr Handy nervt, dann Second-Handy!“ Also für die zweite Hand ein Zweithandy, auf dass sich die Nerverei verdoppele? Offenbar geht so ein schnurloses Ratschophon aber sogar schon manchen jungen Leuten auf den Keks. Stand doch kürzlich auf der wöchentlichen Lebenswert-Liste einer Jugendzeitschrift als besonderer Genußpunkt: „Klingelnde Handys den Akkutod sterben hören“.

Eigene Feldforschungen im Bekanntenkreis ergeben aber immer wieder: Jederfraumann haßt das Handy, hat folglich keines und wäre durch (fast) nichts auf der Welt zu einer solchen Anschaffung zu bewegen. Was sind das dann bloß für Leute, diese Massen von Funkfernsprechern, die mit ihrem Quatschdings irgendwo rumstehen, um mit irgendwem andern belanglose Gesprächsfetzen auszutauschen? Unterwegs auf der Straße oder in der S-Bahn, im Restaurant, im Bäckerladen, im Lift oder auf der Kaufhaus-Rolltreppe. Oder eben auch auf Bergeshöhen, wo immer mehr liebe Leute auf dem Gipfel noch vor der Brotzeit und der Feldflasche ihre Mobiltelefone auspacken. Um sodann sofort irgend jemandem drunten im Tal oder vielleicht sogar weit weg in Hamburg oder Berlin etwa diese unaufschiebbar dringliche Nachricht zukommen zu lassen: „Halihallo – du, wat meinste, wo ich grade bin? Nee, da kommst du nie drauf, ich sag's dir lieber gleich: Aufm Hochiß-Gipfel im Rofangebirge überm Achensee. Nee, nix Seilbahn, selber raufgelatscht – da staunste, wa?"

Nun ist ja nichts dagegen zu sagen, dass jemand hoch droben auf dem Berg sein Quatschofon dabei hat – unter Umständen könnte es für ihn oder auch für andere sogar überlebenswichtig sein. Erst neulich wurden drei Leute nur deshalb schnell und unbeschadet gerettet, weil sie per Funkfon die Bergwacht um Hilfe anrufen konnten. Aber dass manche dieses Ding hoch droben auch noch auf Empfang schalten und tatsächlich angedüdelt werden. Dass sich jemand von daheim den Börsenkurs bestimmter Dax-Papiere in die Bergeinsamkeit durchtelefonieren läßt. Und wenn er dann bei einer schwachen Verbindung dermaßen brüllt, dass sogar die frechen Bergdohlen erschrocken abschwirren. Ja, dann ist das eigentlich eine solche Unverschämtheit, dass man so jemandem am liebsten dieses Mistding abnehmen und es über den nächsten Felsvorsprung in die Tiefe schleudern möchte. Dass heutzutage überall jede Hemmschwelle des guten fernmündlichen Benimms überschritten wird, das bewies neulich ein wackerer Schwabe, der im „Herren" eines Münchner Restaurants sein Wasser abschlug und sich dabei lautstark mit jemandem unterhielt. Nein, außer ihm war niemand im

Raum. Aber der Urinalist hatte dabei eine Hand frei, und mit der hielt er sich das Handy an die Sprechdüse, um einen Spezl in seinem Heimatort aufzuklären: „Ha noi, du Seckl, des kann ich net mache, da musch du scho sälber emol nach Minche fahre. Ja freile, Kerle, des tät' dir guut – du ka'sch doch net ellet bloß in Balinge rumhocke!" Damit beendete er das Gespräch ruckzuck. Vielleicht aber nur deshalb, weil er zum Zuzippen des Reißverschlusses halt auch die Handy-Hand brauchte.

Wetten, dass: So einer, der nicht mal beim Bieseln seinen Redefluss im Zaum halten kann – so ein Gschaftlhuber und Dampfplauderer läßt auch auf Bergeshöh'n sein Handy nicht im Rucksack!

Gebrauchsanweisung für die Hochripp

Eigentlich wär's ja ganz wurscht, auf welchen Berg einer geht. Hauptsache, dass! Denn der Effekt ist immer der gleiche: Man tut was für den Kreislauf, man genießt die gute Luft, freut sich der schönen Aussicht und kriegt einen bärigen Hunger und Durst. Aber nein, man will halt nicht auf irgendeinen nächstbesten Berg, sondern beispielsweise einmal auf den Halsgrat. Oder auf die Hochripp. Weil man diese Tour bis jetzt noch nie gemacht hat. Das ist einerseits der Reiz an der Sache, andererseits aber auch das Problem. Denn weil man die Hochripp nicht kennt, weiß man eben auch nicht so recht, wo's denn da am besten hinaufgeht, welches der günstigste Talort ist, und wie lang und wie schwierig der Aufstieg ist. Aber was macht's: Was der Mensch selber nicht weiß, das findet er bekanntlich in Büchern. Und gerade für den Bergfreund gibt's jede Menge Fachliteratur, in der alle möglichen und oft auch unmöglichen Bergtouren beschrieben werden. Und in mindestens einem von diesen Führern findet sich bestimmt auch ein Leitfaden für die Hochripp.

Leider sind diese Gebrauchsanleitungen selber nicht immer sonderlich brauchbar. Da gibt's zum Beispiel einen Verfasser, der in seinen Tourenbeschreibungen manchmal dermaßen poetisch wird, dass man sein Berg-Werk fast als Lyrikband bezeichnen möchte. Dieser Autor vergleicht eine überhängende Felsnase mit einem Schiffsbug, spricht wortreich vom Gipfelglück und schildert, wie es ihm bei diesem und jenem Ausblick ums Herz ist. Und wenn er das alles schön gedichtet hat, dann bleibt ihm oft kaum noch Platz, um den richtigen Weg genau genug zu beschreiben. Andere Autoren halten sich zwar nicht lang mit Naturschilderungen auf, sondern konzentrieren sich völlig darauf, gute Wegweiser zu sein. Aber ganz trauen darf man auch denen nicht immer. Denn es kann schon passieren, dass der Verfasser seinerzeit, als er selbst die Tour erkundete, einen besonders guten Tag gehabt hat. Und dass er infolgedessen berichtet, man könne diesen Aufstieg in knapp zwei Stunden leicht schaffen. Wobei sich manchmal leider herausstellt, dass man selber gute drei Stunden braucht und schließlich fast auf dem Zahnfleisch am Ziel ankommt. Oder umgekehrt: Der Führer empfiehlt, man müsse sich für diese Rundtour mindestens sechs bis sieben Stunden Zeit nehmen. Weil man schon ein bissl spät dran ist, legt man also einen ordentlichen Geländegang ein und gestattet sich nur eine stark verkürzte Brotzeitpause. Mit dem Ergebnis, dass man bereits nach vier Stunden leicht geschlaucht wieder an den Ausgangspunkt zurückkommt.

Und auch das kann passieren: Der Verfasser schwärmt dir von einem besonders schönen, weil ganz wenig begangenen Abstieg vor. Freilich, markiert sei der nicht, aber wenn man ihn erst einmal gefunden habe, dann könne für Geübte gar nichts mehr schiefgehen. Am besten, man fragt den Hüttenwirt, der zeigt einem dann schon, wo dieser Jägersteig hinunter geht. Der Hüttenwirt jedoch weiß von nichts. Das heißt: Früher einmal, erinnert er sich, habe es da einen Steig gegeben. Aber, sagt er, das sei schon sehr lang her, und heute täte er selber diesen längst völlig verwachsenen Pfad ganz gewiß nimmer finden.

Manchmal, wenn man auf so eine Fehlinformation hereingefallen ist, hat man eine Stinkwut auf den Verfasser. Obwohl der nicht einmal unbedingt was dafürkönnen muß. Möglicherweise ist er ja selber bloß auf die Falschmeldung eines jener Kollegen hereingefallen, von denen er seine Hinweise abgeschrieben hat. Und außerdem: Die wahre Kenntnis eines Berges kann man sich sowieso nie erlesen – die muß sich schließlich doch jeder selber erlaufen.

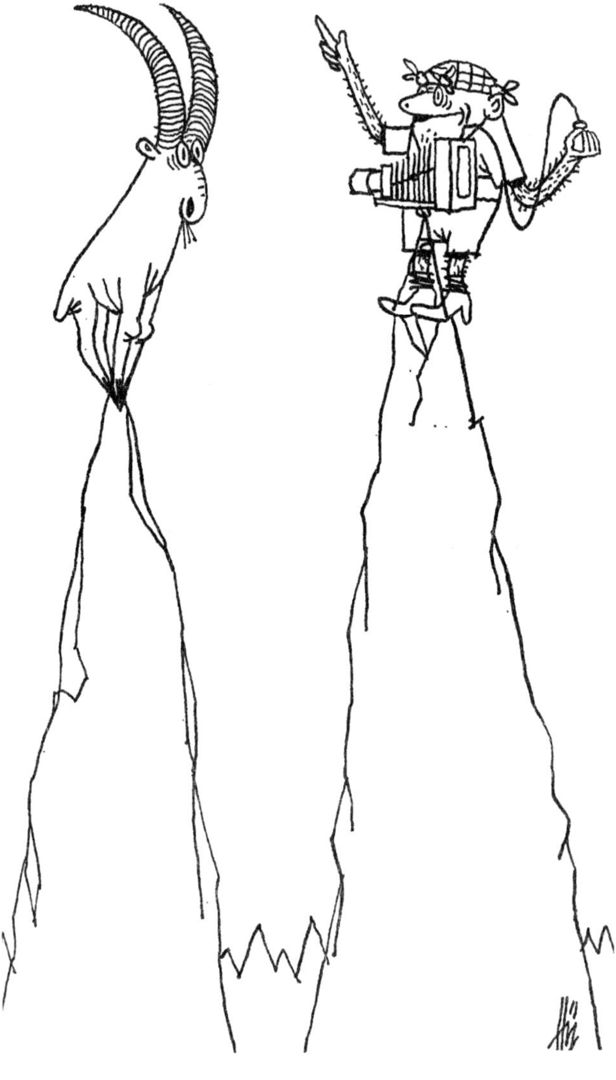

Wilde Perspektiven

Eigentlich würde es schon vollauf reichen, was man auf einer Bergwanderung alles mitschleppen muß: Den Proviant samt der Flüssigkeit, das Regenzeug und die Sonnencreme, und was man eben sonst noch alles nicht auf die leichte Schulter nehmen kann.

Mindestens jeder Dritte, dem man irgendwo in den Bergen begegnet, hat sich darüber hinaus aber auch noch mit ein paar Pfund Optik bepackt. Die einen haben ein schwarzes Trumm am Hals, das man in Bayern Zuawiziager oder Spektiv und auf schriftdeutsch Feldstecher nennt. Die andern schleppen eine Lichtfalle zur Anfertigung von Bildern mit sich. Und manche haben gleich beides dabei. Gelegentlich gibt es ganz Narrische, die sich außerdem auch noch mit einem Camcorder beladen. Wundern muß man sich direkt, dass nicht auch HiFi-Tonbandgeräte mitgeschleppt werden, um für das Heimkino die passenden Originalgeräusche einzufangen, vom Dohlenschrei bis zum Wasserfallrauschen, und vom Steinschlag bis zum Knistern des Brotzeitpapiers.

Das Fernglas? Klarer Fall: Man will auch entferntere Berge nah sehen. Und manchmal kann es auch ganz nützlich sein, um schon von weitem festzustellen, wie denn der Weg da droben oder da drunten weitergeht. Was die Knipsmaschine betrifft: Freilich, es gäbe Motive genug im Gebirge, die es wert wären, festgehalten zu werden. Aber dazu müßte man halt wirklich ein Fotograf sein. Und mit allen technischen Finessen ausgerüstet, vom Weitwinkel bis zum Teleobjektiv. Der Nullachtfünfzehn-Knipser jedoch sieht auf seinen Bergbildern hinterher meistens bloß viel Stein und

Wald, wobei sich meist nicht mehr feststellen läßt, ob diese Aufnahme nun im Rofan oder im Karwendel oder vielleicht doch in den Miemingern gemacht wurde. Und genauso verhält es sich mit den Gipfelfotos. Da hockt sich die ganze Familie leicht derbröselt vors Gipfelkreuz, der Papa stellt recht sorgfältig Entfernung, Zeit und Blende ein und bittet sodann einen anderen Brotzeitmacher, ob der nicht so nett sein möchte, für ihn einmal auf den Auslöser zu drücken. Dann setzt er sich schnell zu den Seinen, der andere macht „klick", und schon ist das Dokument im Kasten. Bloß: Auf was für einem Berg das wohl gewesen sein mag? Das wird man ein paar Jahre danach kaum noch wissen. Und es kommt auch gar nicht darauf an. Gipfelfotos schauen alle gleich aus, und wenn man nicht wüßte, dass es im Himalaya keine Gipfelkreuze gibt, dann könnte so ein Bild genausogut auf dem Tschingtrapengtra II aufgenommen worden sein wie auf der Birkkarspitze oder dem hinteren Sonnwendjoch. Besonders beliebt sind bei fotografierenden Bergwanderern wilde Perspektiven, die sich in diesem vertikal orientierten Gelände natürlich in Hülle und Fülle bieten. Da wird zum Beispiel das Gspusi auf einen Felsbrocken gesetzt, der ganz harmlos mitten auf einem Almboden liegt. Nun geht der Kameramann zu Boden und pirscht sich in der Hocke oder sogar auf dem Bauch so lange an dieses zackige Motiv heran, bis das bißchen Fels im Sucher so steil in den föhnblauen Himmel ragt wie die Eigernordwand. Was dabei herauskommt, sind Bilddokumente über alpinen Wagemut, vor dem sogar der Trenker-Luis Respekt haben müßte. Trotzdem kann man mit solchen Fotos leider bloß bei absoluten Flachländern Eindruck schinden, und selbst bei denen nur dann, wenn sie vom Fotografieren ebensowenig Ahnung haben wie vom Gebirge. Dagegen hat es überhaupt keinen Zweck, Renommierfotos mit so schiefer Optik solchen Leuten zu zeigen, die ab und zu selber im Gebirge wandern und dabei eine Kamera dabei haben. Die wissen nämlich, wie man so was macht. Blieben noch jene fotografierenden Bergfreunde zu erwähnen, die es hauptsächlich auf Flora und Fauna abgesehen haben. Die einen sind unersättlich nach Großaufnahmen von Wiesenenzianen und blühendem Almrausch und lichten solche Motive immer wieder ab. Und wenn einer auch schon fünf Dutzend Türkenbund-Dias daheim hat, so wird er trotzdem von jeder Tour wieder neue Beute mitbringen. Genauso unersättlich, nur meist weniger erfolgreich, sind jene Alpinknipser, die sich auf Viecher spezialisiert haben. Allein mit ihren vielen Dohlen-Dias können sie ihren Freunden leicht den Nerv töten. Am schlimmsten ist es aber, wenn sie immer wieder voll Stolz Bilder vorführen, auf denen nichts weiter zu sehen ist als Fels in rauhen Mengen und dazwischen etwas Grün. Der Foto-Fan besteht jedoch darauf, dass auf diesen Bildern grasende Gämsen zu sehen seien. Oder ein ganzes Rudel Murmeltiere beim Liebesspiel. Ja wo denn? Da – und da – und da – und da: Alle diese kleinen, braunen Tüpferl, das sind sie! Aha! Das muß einem allerdings erst gesagt werden. Denn ohne Erklärung hätte man diese Punkte allenfalls für Fliegenschisse auf der Leinwand oder für Staubkörner auf der Projektorlinse gehalten.

Simulierte und virtuelle Touren

Falls am Wochenende „droben“ die Sonne scheint, dann werden wiederum Hunderttausende Profilsohlen von den besonders beliebten Alpengipfeln abermals einen Zehntelsmillimeter abschrappen. Sofern sich die Bergfexe nicht bloß gegenseitig auf die Zehen treten. „Freeclimber“ könnten freilich auch weit vom Gebirge die betonierten Wände hochgehen: In Kletteranlagen wird von manchen Städten sogar unter Dach alles bis zum sechsten Grad geboten.

Die andern aber, die keineswegs so extremen Bergwanderer, die mit den karierten Hemden und den roten Wadlstrümpfen, die Popowimmerl-Wanderer und Trenkerhut-Träger? Die könnten's statt auf Bergeshöhen längst daheim auf dem Balkon oder im Schlafzimmer tun, hätte vor rund hundert Jahren ein vigilanter Sachse aus Kötzschenbroda mehr Erfolg mit seinem Patent gehabt. Als man Bergtouren noch unter die „Terraincuren“ einreihte, konstruierte dieser Erfinder einen Bergsteige-Apparat fürs traute Heim. Zwei Stufen, ähnlich denen eines Harmoniums, waren da so miteinander verbunden, dass sich die eine jeweils gleich weit hob, wie die andere runtergetreten wurde. Man konnte also Waden, Herz und Kreislauf bei diesem Pseudo-Anstieg genauso rhythmisch strapazieren wie im Gelände. Mit dem Vorteil, dass man sich hinterher den weit mehr gelenkstressenden Abstieg sparte.

Aber die Luft, die Mensch braucht, um einen solchen „Berg“ zu erklimmen? Auch daran hatte der kluge Mann aus Kötzschenbroda gedacht. Unter den Tretstufen waren Blasebälge, die nicht nur den Aufstieg je nach gewünschter Steigung erschwerten: Zugleich pumpten sie durch einen Schlauch Luft von draußen ins Zimmer. Die aber scheint in der Stadt schon damals nicht mehr die frischeste gewesen zu sein, denn der Erfinder des Bergsteigapparats leitete sie durch Filter, wo sie außerdem mit Latschenduft und Sauerstoff verbessert wurde. Und ein Schrittzähler zeigte an, wann die gewünschte Gipfelhöhe ertrampelt war.

Selbst wenn es besagte Maschine in Sporthäusern heute noch zu kaufen gäbe – spätestens in der Gegenwart hätte sie keine Zukunft mehr. Der Fortschritt überrascht uns jetzt doch nahezu täglich mit Neuigstkeiten, wo und wie es digitalmultimedial und per virtual reality weitergehen könnte. In zehn Jahren socken wahrscheinlich nur noch ein paar sture Opas und Omis eigenfüßig im Gebirge herum. Die Fortschrittlichen aber, die Techno-Freaks, erledigen eine Bergwanderung – wie das „Banking“ und so vieles andere – daheim am Teleputer: Cyberspacig online in 3-D, vielleicht dann auch schon mit typischen Gerüchen. Und gelegentlich sogar mit echten Schweißausbrüchen. Falls nämlich mitten auf einer gefährlichen Gratwanderung unversehens wieder mal das ganze System abstürzt.

Was freilich auf diese Weise nie zu erleben sein wird: Der hundsgemeine Muskelkater am Tag danach. Und vor allem dieses herrrliche Gefühl, wenn er am übernächsten Tag wieder nachläßt!

Alte Neuigkeiten vom guten (?) O(h)zon

Falls jemand anfällig ist für TB, Scharlach, Diphterie, Typhus, Diabetes oder Leukämie: Der sollte die Sommersmog-Wochen dieses Jahres intensiv nutzen, um noch möglichst viel von dem köstlichen und so überaus gesunden Ozon tief zu inhalieren. So die sehr ernst gemeinte ärztliche Empfehlung eines Dr. K. Erhardt. Dass wir hier und heute durch die Bekanntgabe hoher Ozon-Meßwerte sogar darauf aufmerksam gemacht werden, an welchen Tagen sich diese Therapie demnach besonders lohnen würde, das konnte der Berliner Mediziner damals noch nicht ahnen. Denn er publizierte seine Erkenntnisse bereits vor rund 100 Jahren in der Zeitschrift „Für alle Welt“.

Ozon als Heilmittel? Ach du lieber Gott: Allein bei dem Gedanken wird ein rechter Grüner ja gleich gelb im Gesicht. Wo doch heute an besonders heissen und sonnigen Tagen schon per Radiodurchsage gewarnt wird, man solle – falls gesundheitlich labil – Fenster und Türen besser schließen und Kinder in der Mittagszeit nicht draußen spielen lassen.

Vor 100 Jahren aber war Ozon in und um Großstädte (sprich: in „Ballungsräumen“) offenbar sehr knapp und nur für die Reichen zu haben. Denn: „Wer aus der verdorbenen Luft der Städte in die ozonreiche Atmosphäre des Gebirgs flüchten will, muß reiche Geldmittel und viel freie Zeit zur Verfügung haben.“ Und deshalb, so schrieb einst Dr. K. Erhardt weiter, sei es wohl an der Zeit, auf die Bemühungen des Chemikers A. Spranger hinzuweisen, „der die Ozon-Therapie auch weniger Bemittelten zugänglich machen will, indem er das natürliche Heilmittel auf künstlichem Wege gewinnt und es dem Leidenden ins Haus schafft".

Wie das? Indem es diesem Chemifex gelungen war, Ozon in Wasser als Ozontinktur zu binden. Damit könne man – so hieß es – dem Lungenleidenden die Zimmerluft mit reinem Ozon füllen, das ja sonst dort leider stets nur in geringen Mengen enthalten sei. Durch Einnehmen oder Einpinseln sei es außer bei bereits genannten Infektionskrankheiten auch gut gegen „Cholerapilze und überhaupt Fäulniserreger aller Art". Bei Leukämie beruht demnach die Wirkung des Ozons auf Stärkung und Vermehrung der roten Blutkörperchen, ähnlich wie bei der Behandlung von Wunden und überhaupt: „In jedem Falle trägt es zur Stärkung und Erfrischung des gesamten Organismus bei."

Na bitte: Sowas Oh-wie-Gutes kriegen wir heute in großen Mengen zum Nulltarif frei Lunge! Und nicht nur wir Berg-Leute, die wir uns die Ozon-Konzentration auf höheren Gipfeln erst mühsam erlaufen. Nein, auch in den Tiefebenen wird uns die angeblich so heilsame Brise frei Haus und Lunge geliefert. Aber pfuiteufelneindanke – jetzt, wo auch der kleine Mann sich diese Gratisfreude leisten kann, jetzt mag's plötzlich keiner mehr. Wie halt immer, wenn was überreichlichst vorhanden ist. Viel Ozon – das war ehedem der heilkräftige Werbespruch von Höhenluftkurorten und Gebirgssanatorien. Heute ist es dagegen eher eine Drohung. Woran man sieht: Der Fortschritt hat uns wieder mal bemerkenswert weit gebracht…

Höhere Dichtkunst

Oder: Sprücherl und Widersprücherl
in Gipfel- und Hüttenbüchern

Man weiß nicht recht: Liegt's an der dünnen Luft in der Höhe? Oder ist es bloß der Nachahmungstrieb, weil's halt die andern auch tun? Oder was sonst mag die Ursache sein, dass nichts den Menschen so sehr zum Denken und Dichten anzuregen scheint wie der Anblick eines Gipfel- oder Hüttenbuchs?

Die Ursachen kennt man nicht – wohl aber die Auswirkungen, denn die kann man schwarz auf weiß nachlesen. Freilich, manchmal steht in solchen Büchern seitenweise nichts anderes drin, als dass Karl-Heinz Rabattke aus Kotzbach samt Frau und zwei Kindern am soundsovielten hier gewesen ist. Oder dass das Wetter heute sehr schön und die Sicht ausgezeichnet sei.

Aber dann stößt man plötzlich auf den Eintrag eines Menschen, den es drängt, die Gefühle dieses hohen Augenblicks in Reimform festzuhalten. Und siehe da, dies wirkt ansteckend, denn oft versucht sich dann auch gleich der nächste und übernächste Gipfelbuchschreiber in der höheren Dichtkunst.

Was dabei herauskommt? Ja mei: Meistens nichts, was man auch nur annähernd mit Werken von Profis wie Goethe oder Schiller verwechseln könnte. Es sei denn, dass einer gleich ein paar Zeilen solcher Klassiker hinschreibt, ohne die Quelle anzugeben, und einfach in aller Bescheidenheit seinen eigenen Namen daruntersetzt. Auch so was kommt nämlich vor. Ansonsten aber erreicht die Dichtkunst auch in großen Höhen selten ein hohes Niveau. Da wird halt ungefähr so sinnig und unbefangen drauflosgereimt wie ansonsten nur bei jenen Gedichten, wie man sie an Polterabenden, bei Nikolausfeiern in Vereinen oder bei Jubilarehrungen vorzutragen pflegt.

Aber wozu soll sich denn ein Gipfelbuch-Autor auch gar zu sehr anstrengen? Selbst wenn er's besser könnte – es stünde doch gar nicht dafür, sich extra zu plagen. Weiß er doch ganz genau, dass sein Werk sehr vergänglich ist. Denn so eine Gipfelschwarte ist unheimlich schnell vollgeschrieben. Oft muß sie schon vor Ablauf einer Saison durch eine neue ersetzt werden. Und damit verschwinden alle diese Geistesblitze ein für allemal in der Versenkung. Bestenfalls kann ein Gipfeldichter damit rechnen, dass einige hundert Leute seine Zeilen lesen. Womit er allerdings noch besser dran ist, als mancher moderne Lyriker, obwohl dessen Werke womöglich sogar einen Verleger gefunden haben.

Kein Verleger jedoch würde es sich jemals einfallen lassen, Gipfelbücher zu drucken. Und doch: Gelegentlich finden sich in diesen Folianten Eintragungen, die so herzerfrischend naiv oder so saublöd oder so witzig sind, dass bestimmt mehr Leute ihren Spaß daran hätten als nur jene paar, die das handschriftliche Original zu Gesicht bekommen. Ich bin seit Jahren ein eifriger und aufmerksamer Gipfelbuchleser und habe immer einen Bleistiftstumpen und einen Fetzen Papier im Rucksack, um deftige bis feinsinnige, g'scherte bis oberfaule und herzhafte bis blasierte Sprücherl abzuschreiben und meiner Sammlung einzuverleiben. Einige davon hier als Kostprobe. Fairerweise hätte man natürlich bei solchen Zitaten auch den jeweiligen Urheber angeben müssen. Aber etliche von ihnen zogen es selbst vor, anonym zu bleiben. Und bei anderen, die zwar ihren Namen samt Anschrift angegeben hatten, erschien es trotzdem ratsam, den Autor nicht zu nennen. Denn manchem, in die Niederungen des Alltags zurückgekehrt, könnte es rückblickend vielleicht doch etwas peinlich sein, was er seinerzeit in einer Art von Gipfelkoller zu Papier gebracht hatte. Wie zum Beispiel dies:

Es hat viel Schweiß gekostet,
doch wer nicht geht, der rostet.
Die Aussicht war sehr schön.
Lieber Gott, danke schön.

Alte, is der Weg heit schmieri –
da haut's di glei auf d'Lätschn firi!

Obwohl der Schweiß erbärmlich läuft,
ist's ein Erlebnis, das ergreuft!

Jesus, das war eine richtige
Punkte-Diät!
Durst!! Durst!!!

Die Runen standen uns im Gesicht –
noch einmal mach ich das nicht!

Die Socken stinken,
die Leute winken,
Ditz, der frißt ein Käsebrot,
die Dohlen sind schon lange tot,
die vorhin von dem Brot gefressen,
auf dem der Sergeant Mos gesessen.
Dieser Berg war uns zu steil –
leck'mich am Arsch, Berg Heil!

Am Berg ist die Freiheit,
am Gipfel ist's sehr schön,
und beides zusammen
darf man nie übersehn.

Das Herz, das klopft,
der Schweiß, der tropft,
schön war es doch und trotz der Qual –
die vier aus Wuppertal.

Als Mittel zwischen Mensch und Affen
hat Gott den Hochtourist erschaffen.

Im Angesicht dieser Berge
sind wir lauter kleine Zwerge,
die mit käsigen Socken
hier auf dem Gipfel hocken.

Der Durst war groß, der Hunger heiß –
und nicht einmal ein Edelweiß!

Raufwandern sollen nur die Dummen,
die andern dürfen auffibrummen.
Die Straß baut hams nur für die Reichen,
für Gunther Sachs und seinesgleichen.
Jetzt san mir oben mit unserem Sackl.
Der Wirt, das ist ein rauher Dackl.

Ein Reh, eine Gazelle und ein Bock
haben heute den Brünnstein bestiegen.

Die Sonne auf den Gipfel brennt,
die Haut sich von der Ferse trennt.

Von den blauen Bergen kommen wir,
singen Lieder, trinken Massen Bier,
und wir jodeln einen runter,
bis wir sind dann wieder munter,
von den blauen Bergen kommen wir.

Das ist der Gipfel,
dieser Gipfel!
Goldi + Kater

Was ist ein Tourist?
Ein Mensch, der auf Tour ist
und andauernd frisst.

There were five girls in Vill,
who wanted to climb a steep hill.
The Glungezer came in their way –
that is, why we write this today.

Als wir gerade den Gipfel erklommen,
ist der Sch... nebel dahergekommen.
Trotzdem ist es zünftig und heiter,
macht nur so weiter.

Das Pulver ging nicht aus
(wie beim Hornberger Schießen)
zur schönsten Stund,
so dass man den Gipfel noch erreichen kunnt.

Gsuffa hamma wie die Löcher
Schnaps und Rotwein aus de Becher.
Wia ma gnua ham gsuffa ghabt,
samma wieder abitappt.

Was für den Stier das rote Tuch,
das ist für mich das Gipfelbuch.

Dass ma herom warn, da besteht koa Zweifi –
wia ma wieder abikemma, woaß da Deifi.

Mit an Büstenhalter und ara Hosn nur,
und sonst von Gwand scho gar koa Spur,
so ghörst net nei ins Bergler-Land,
da ghörst nunter an den Kongo-Strand.
Und wennst na wieder bist beinand,
dann sei gegrüßt in Berglers Land!
(Von anderer Hand gleich darunter angemerkt:)
Ganz schön faschistoid!

Dank der Lehren des 1. Vorsitzenden Mao Tse Tung
haben wir auch diesen Gipfel bezwungen.
Mitglieder der Arbeiter-Basisgruppe München-Ost
und des Republikanischen Clubs hißten heute als
erste die Rote Fahne auf dem Guffert (15.15 MEZ)

Der Weg war so schön, und wir waren fast oben,
da kam wie ein Geschoss ein Stein geflogen,
er traf mich so hart, und gleich kam das Blut.
Ich rate euch, Leute, tragt immer einen Hut.

Es hat uns Müh' gekostet, auf diesen Berg zu gehn.
Wir sind noch nicht verrostet. Jaja, auf Wiedersehn.

Zerst schindst die auffi,
und aft wieder abi –
i moan ja schier: An Vogl hab i!

Wer auf diesem Berg war,
dem wird das Fegefeuer erlassen.

Berg' vo unt', Kirch vo' außn, Wirtshaus vo' innen:
De Einsicht muaßt scho vorher gwinnen.

Möcht nochmal jemand mich mal locken:
Komm, Spezi, machma uns auf d' Socken
und stürmen mitanand an Gipfl,
dann sag i so am blöden Zipfel
in aller Freundschaft, aber barsch:
Mei liaber Freund, mi lext am ... Dingsda!

Kinders, war das ne Strapaze!
Jetzt bin ich oben, Gott sei Dank –
und morgen sicher sterbenskrank.

Ich grüße euch, ihr hehren Berge –
was sind wir Menschen doch für Zwerge!

Es gibt einen Berg, der Schinder heißt.
Warum heißt so nicht auch dieser?
Der ist ja fast noch fieser!

Es rinnt der Schwitz, die Blasen schwellen.
Gschwind ein, zwei Radlermaß bestellen!

Da samma gsessn
vui hamma gfressn,
gsuffa hamma aa:
Hurra!!

Sogar die Wurscht ist uns jetzt wurscht –
mir ham bloß eins noch: Durscht! Durscht!!
Durscht!!!

Der Bauer tut im Tal drunt odeln,
der Gipfelstürmer lieber jodeln,
indem das, wenn es ihm gelingt,
viel schöner klingt und auch nicht stinkt.

Lieber Gott, ich danke dir,
dass ich's jetzt hab hinter mir.
Hilf mir bittschön gsund und munter
auch nach München wieder nunter!

Von der Stirne heiß
rinnen muß der Schweiß,
soll der Berg den Wandrer loben –
und der Gipfel ist hoch droben.
Doch es trieft nicht nur die Stirne:
Nässer als die Denkerbirne
ist der klitschenasse Bauch –
und der Rucksackbuckel auch.

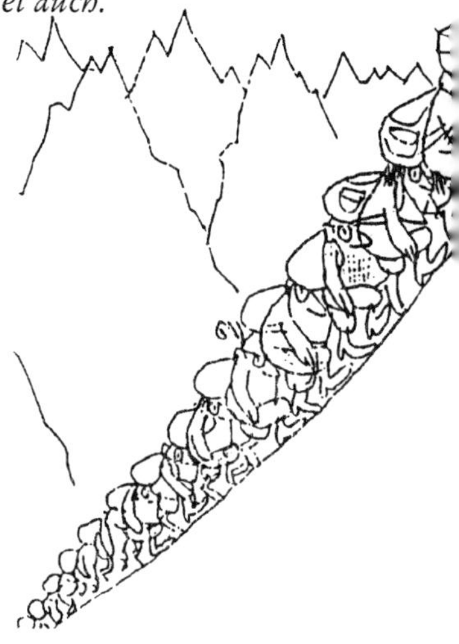

Zehn Gebote für Gipfelstürmer

Erstens: Steige auf beizeiten,
weil man's früh noch besser kann.

Zweitens: Himmelherrschaftseiten –
zieh dir festes Schuhwerk an!

Drittens: Laß das Jodeln bitte,
wenn du es ja doch nicht kannst.

Viertens: Acht' auf deine Schritte.

Fünftens: Füll' dir nicht den Wanst.

Sechstens: Nach der Halbzeit-Pause
nimm doch Büchsen und Papier
talwärts wieder mit nach Hause.

Siebtens: Brüll' nicht wie ein Stier!

Achtens: Laß die Blumen stehen –
und nichts liegen, wo du sitzt.

Neuntens: Sauf' kein Bier beim Gehen,
weil du sonst bloß noch mehr schwitzt.

Zehntens: Bist du endlich droben,
sollst du nie zu froh und früh
dich als tollen Hecht gleich loben:
Runter erst geht's in die Knie!

Und strömt der Regen noch so sehr …

„Wer einmal lügt, dem glaubt man nicht, und wenn er auch die Wahrheit spricht." So lügt ein altes Sprücherl, das wie die meisten Sprichwörter durch die praxisnahe Lebenserfahrung leicht zu widerlegen ist. Denn, bitte schön: Wer von uns hätte sich nicht schon mehr als einmal durch den Wetterbericht und seine manchmal recht windigen Vorhersagen pratzeln lassen? So oft, wie man da schon angeblümelt worden ist, dürfte man doch den Meteorologen nicht einmal mehr die Prognose glauben, dass morgen überhaupt ein Wetter stattfinden wird. Und trotzdem: Was tust du, wenn du für den nächsten Tag eine Bergtour vorhast? Genau: Du schaltest am Vorabend hoffnungs- und vertrauensvoll die Tagesschau mit der amtlichen Wetterkarte ein. Man will ja schließlich wissen, wie man dran ist: Ob man den Rucksack herrichten soll, oder lieber nicht. Und ob es einen Sinn hat, schon um viere aufzustehen, oder ob man getrost im Bett bleiben kann.

Aha. Na ja. Also, ein erstklassiges Wetter ist es ja grad nicht, was die da im Fernsehen anzubieten haben. Und eigentlich weiß man nach dieser Offenbarung fast genausowenig wie zuvor. Weil da nämlich so viel von teils-teils, von örtlich, strichweise und gelegentlich die Rede ist, dass man es sich ganz nach Gusto raussuchen kann, was morgen im Rofan los sein wird. Aber Moment: Was wissen denn die in Frankfurt vom Rofan? Vielleicht nicht einmal genau, wo das liegt. Und so ein gesamtdeutscher Überblick von den nordfriesischen Inseln bis zu den Alpen … nein: Da ist es schon besser, das Dampfradio B 5 einzuschalten. Denn dort kommt ja die Prognose der Wetterämter München und Nürnberg, und die südbayerischen Prognostiker werden ja wohl hoffentlich doch ein bissel näher dran sein. Und siehe da: Dieser Wetterbericht hört sich doch gleich ganz anders an. Nämlich örtlich viel freundli-cher. Im Lauf des Nachmittags hält man zwar auch beim Wetteramt München Eintrübungen mit nachfolgenden Niederschlägen für möglich. Aber zunächst soll es – nach Auflösung örtlicher Dunstfelder – doch recht ordentlich sein. Und sogar die Berge sind morgen größtenteils frei.

Haut schon! Dann kann man also doch den Guffert packen. Für alle Fälle schaut man am andern Morgen vor dem Start schnell noch in die Zeitung, die ja zum Glück schon in aller Herrgottsfrüh' im Kasten steckt. Beruhigenderweise deckt sich der gedruckte Wetterbericht ziemlich genau mit jenem, den man gestern abend gehört hat. Dass der Himmel grau in grau und sehr wolkenschwer herschaut – ja mei, das werden halt die morgendlichen Dunstfelder sein. Und wenn es in der Gegend vom Achenpass zu regnen anfängt, dann kann das ja auch heißen, dass die sich jetzt auflösen. In Steinberg hinten kübelt's aber dann schon, wie wenn es nie mehr aufhören wollte. Ergebnis: Das Unternehmen Guffert wird abgeblasen. Und insofern stimmt der Wetterbericht dann halt doch: Die Berge sind tatsächlich völlig frei. Und zwar von Bergwanderern. Denn um bei diesem Sauwetter trotzdem loszustiefeln – also nein, so verrückt ist unter 1000 Bergnarrischen wohl kaum einer.

Richtig enttäuscht ist man allerdings erst dann, wenn man im Lauf dieses Vormittags mehrmals Nachrichten hört und dabei immer wieder erfährt, dass es höchstens im Lauf des Nachmittags zu Eintrübungen kommt, wogegen es zuvor jedoch bei freien Bergen durchaus heiter bis bewölkt sei. Und wenn es draußen noch so duscht!

Woran man aber sieht, dass es sich bei den Meteorologen um aufrechte Männer handelt, die zu ihren Worten stehen und sich nicht durch Äußerlichkeiten irremachen lassen. Das kann man auch im umgekehrten Fall immer wieder einmal feststellen. Wenn nämlich bei strahlend blauem und wolkenlosem Himmel beharrlich von ergiebigen Niederschlägen gesprochen wird. Gesagt ist gesagt, und davon läßt man sich auch von einem unvorhergesehenen Föhn nicht so mir nichts, dir nichts abbringen. Nein: Wetterwendisch sind sie wirklich nicht, die Männer vom Wetteramt.

Was aber den Bergwanderer betrifft, so sollte sich der lieber um jemand schauen, der Frostballen oder rheumatische Knie besitzt. Denn wenn die weh tun, dann darf man ziemlich sicher sein, dass es morgen nicht viel Zweck hat. Freilich: Unfehlbar sind nicht einmal diese Anzeiger. Das Wetter ist und bleibt der Risikofaktor Nummer 1 bei jeder Bergtour.

Power für den Outdoor-Fun-Fan

Jene Mitmenschen, die an altweibersommerlichen Herbst-Wochenenden gern irgendwo querfeldein durch Wald und Wiesen und aufabwärts wandern. Oder die auf Mountain-Bikes fast vertikal über sämtliche erreichbaren Berggipfel strampeln. Oder die gar morgens um sechs schon zum Joggen socken: Was betreiben die allesamt? Nein, keinen Sport und nichts spaßeshalber: Sowas nennt sich jetzt „Outdoor-fun". Wie unlängst in einer Werbebroschüre für einschlägige Klamotten nachzulesen stand, bedeuten derlei activities im Freien, vom Wandern und Bergsteigen bis zu Extrem-Klettern und hochsportlichen Expeditionen Folgendes: „Eine Bandbreite, die gleichzeitig ein Spannungsfeld in sich birgt". Nur kein Neid – derart total verquastes Geschwafel muß halt einem begnadeten Textdrechsler erst mal einfallen, und das schafft zum Glück nicht jedermann!

Zurück zum Outdoor-fun und zu den „knallharten" Angeboten, die ein Spezialausrüster dafür auf Lager hat: Da geht's, wie wir lesen dürfen, jetzt ganz hoch her. Immerhin und immer noch hoch – und erstaunlicherweise nicht high. Dafür ist dann aber gleich im nächsten Satz von der erlebenswerten Power hochwertiger Marken die Rede. Was das sein soll? Allwetterklamotten wie beispielsweise ein Regenanzug (wieso denn please nicht Raindress?) aus „Multifilament Light-Ripstop-Nylon mit Gepora 2000". Oder der „Fleece Rolly Motion" und die „Outdoor-Daunenweste Country". Oder auch eine „Outdoor-Thermo-Parka" in so sonderbaren Farbtönen wie Navy oder Sangria. Und das alles aus dem „Big Pack-Programm". Übrigens:

Die aktuellen Kollektionen kommen „mit Multifunction“, und die „Windbreaker für Expeditions-Freaks“ sind in den neuesten Farben „gestylt“. Wem das alles noch immer nicht sportly genug ist, der kauft sich dann halt noch eine „Pant Sweat Hose mit Streetball-Patch“. Und oben auf den Head (= die Denkbirne) setzt er sich eine „Wooly Mütze mit Streetball-Logo“ für den Freizeitspaß im Freien. Wer sich aber lieber daheim erholt, dem empfiehlt eine Möbelfirma statt Outdoor-fun ihr modernes „Indoor design“.

In oder out: This oder that alles lesen wir nicht irgendwo im fernen Pidgin County oder in Alaskabama oder Oaklafornia. Sondern hier. Und just here sind we doch bis on widers immer yet in good old Germany ... oder are we this etwa not?

So, liebe Readers und Users, und nun excusen Sie bitte in diesem on the writing desktop entstandenen indoor-Text die vielen goosefeeties (also „vorn und“ hinten). Die waren leider nicht zu vermeiden, weil: Das wörtliche Nonsense-Geschwafel, das diese Gänsefüßchen kenntlich machen sollen – das möchte der Outdoor... Verzeihung: der Autor dieser Glosse auf gar keinen Fall sich selber zuschreiben lassen!

Gruppen-Bilder

„Es ist nicht gut, dass der Mensch allein sei." Das steht schon in der Bibel, und das gilt auch am Berg. Allein im Gebirg herumzuhatschen, ist fad. Und außerdem riskant.

Zu zweien macht's mehr Spaß. Überhaupt ist die Zweiergruppe die ideale Formation für Unternehmungen dieser Art. Wenn ein solches Zweier-Team zweierlei Geschlechts ist, dann bleibt es allerdings nicht immer zu zweit, sondern oft wird eine Familie daraus. Mit einem Kind oder mit mehreren solchen. Und dann werden alpine Exkursionen recht strapaziös für die Nerven, wie man immer wieder beobachten kann.

„Papaaa, ich möcht ein Eiiiis!" fordert beispielsweise ein quengliger Jungbergwanderer, kaum dass man eine halbe Stunde unterwegs ist. Und es ist ihm ganz wurscht, wie der Papa irgendwo zwischen der Hinterleiten-Alm und der Sonnjoch-Hütte und meilenweit vom nächsten Kiosk ausgerechnet ein Eis beschaffen soll.

„Mammaaa, wie lang müssen wir denn noch laufen?“, beschwert sich in Abständen von jeweils drei Minuten ein fünfjähriges Pummelchen, das einfach nicht kapieren kann, was denn daran so schön sein soll, wenn man sich auf einem schlechten Weg bergauf müht, obwohl man doch daheim gemütlich Mensch-ärgere-dich-nicht spielen könnte.

„Papaaa, trag mich!“, benzt ein anderer Nachwüchsler und schwört ehrenwörtlich, er habe ein Wehweh am Fuß. Wobei er so dramatisch hinkt, dass ein unbefangener Beobachter fast meinen möchte, es sei wirklich angebracht, die Bergwacht mit einer Tragbahre anrücken zu lassen.

Nun ja, Kinder sind halt so. Allerdings: Viel besser ist es auch nicht, wenn eine Gipfelsturmabteilung nicht aus einer durchschnittlichen Kleinfamilie, sondern aus einer Gruppe von mehreren Erwachsenen besteht. Und dabei spielt es gar keine Rolle, ob man nur den Schwager und die Schwägerin dabei hat, oder einen Spezl und dessen Freundin, ob es sich um Kollegen oder Nachbarn oder um eine Schafkopfrunde nebst Damen handelt. Eins steht auf jeden Fall fest: Dass auch nur vier Erwachsene allesamt die gleichen Hax'n und die gleiche Kondition haben, das gibt es einfach nicht. Ebensowenig, wie sich Hunger und Durst bei vier, fünf oder gar noch mehr Leuten auch nur einigermaßen synchronisieren lassen. Genau das ist der Grund, warum die Nerverei oft schon beginnt, bevor man auch nur den ersten Schritt getan hat. Nämlich so: Wohlgemut und fröhlich ist die Gruppe am Ausgangspunkt des geplanten Aufstiegs angekommen, hat das Auto schön schattig geparkt und die Bergstiefel geschnürt. So, jetzt kann's also losgehen. Ja von wegen! In diesem Moment fällt nämlich dem Hansl ein, dass er vorher schnell noch eine Brotzeit machen muß.

Was denn – jetzt schon? Wo man doch überhaupt noch nichts geleistet hat? Das ist ihm ganz egal, sagt darauf der Hansl: Er hat eben schon wieder einen richtigen Kohldampf, und wenn er jetzt nicht gleich was spachtelt, dann kann er keinen Schritt machen, weil er sonst sofort einen Hungerspinat kriegt.

Also gut. Oder auch nicht gut. Auf jeden Fall müssen die anderen warten, bis sich der Hansl ausreichend gestärkt hat. Sodann geht man's gemeinsam an. Nicht ohne leicht angesäuerte Zwischenbemerkungen freilich, dass man jetzt schon fast am Stupfleitenjoch sein könnte, wenn gewisse Leute nicht so verfressen wären.

Wenn man nach gut einer Stunde das Stupfleitenjoch tatsächlich erreicht, haben die drei anderen Hunger gekriegt und brauchen unbedingt eine Brotzeit. Was der Hans nun allerdings überhaupt nicht begreifen kann und als pure Schikane ihm gegenüber auffaßt. Und so geht das halt auf so einer Tour in einer Tour weiter: Der eine ist dafür, dass man nach der ersten Rast bis zur Hütte durchgeht und dort anständig zu Mittag isst, zumal es da einen bekannt guten und üppigen Schmarren gibt. Der andere findet das prompt einen Schmarrn, weil es doch keinen Zweck hat, sich den Bauch so vollzuhauen, wenn man nachher noch auf den Gipfel will. Und ausserdem: Der Mensch ist doch keine Rennsau, oder!

Da meint der dritte: Am gescheitesten sei es überhaupt, jetzt gleich noch einmal eine kurze Rast einzulegen, dann über den Westweg direkt zum Gipfel und erst auf dem Rückweg über den östlichen Steig in der Hütte einzukehren. Und der vierte? Der hat sowieso schon genug: Warum muß man denn überhaupt eigentlich unbedingt auf den Gipfel? Immer dieser blöde, sinnlose Ehrgeiz! Nein: Er ist dafür, nur bis zur Hütte zu gehen, und dann nach dem Essen gleich über den Grasleitenweg wieder hinunter. Denn dann hätte man wenigstens noch genug Zeit, um vor dem Heimfahren drunten am See ausgiebig zu baden. Was??? Da wird der Hansl aber sauer: Ist man denn etwa zum Baden ins Gebirge gegangen? Oder vielleicht doch zum Bergsteigen? Wenn es Leute gibt, die bloß faul am Wasser umeinanderflacken wollen, dann sollen die doch gefälligst gleich drunten bleiben und nicht anderen die Tour vermasseln, Himmelherrschaftseitennochamal!

Weiß der Kuckuck, wie das klappt, aber irgendwie einigt man sich schließlich doch und erreicht gemeinsam früher oder später (eher später als früher!) den Gipfel. Und da geht's dann gleich wieder los. Denn jetzt will der Hansl nach fünf Minuten schon wieder umdrehen und nix wie nunter zur Hütte, damit man endlich einmal was Vernünftiges in den Magen kriegt und zu einer Radlermass kommt. Damit wäre die Brigitte zwar einverstanden. Aber nicht der Fritz und die Erika: Ja, für was ist man denn eigentlich da heraufgegangen („Gegangen?“ Man sollte lieber „geschlichen“ sagen, sagt die Brigitte), wenn man sich nicht einmal die halbe Stunde Zeit nehmen will, um in aller Ruhe die Aussicht zu genießen? Worauf die Brigitte kontert: Mei, es schaut halt nicht jeder so langsam wie manche Leute.

Das kann nun der Fritz nicht auf der Erika sitzenlassen, und er macht der Brigitte mit freundschaftlichem Nachdruck klar, dass es eben leider Menschen gibt, die sich nie einfügen können und immer stänkern müssen. Ja … wer stänkert denn hier dauernd? Will darauf die Brigitte wissen. Muß man sich so was sagen lassen, Hansl? Noch dazu auf leeren Magen und von sogenannten Freunden? Kurzum: Das Einverständnis und der Umgangston könnte manchmal kaum noch herzlicher sein, wenn sich vier oder noch mehr Bergkameraden erst einmal so richtig gegenseitig auf den Wecker gefallen sind. Aber das gehört dazu und liegt in der Natur der Sache, denn die Menschen mögen wohl vor dem Gesetz alle gleich sein – aber sonst halt ganz und gar nicht. Der Freundschaft muß das auf die Dauer nicht unbedingt Abbruch tun, und hinterher findet man es gemeinsam eigentlich recht lustig, dass der Hans neulich wieder einmal so verfressen war, und die Brigitte so fußlahm, und der Fritz dermaßen saugrantig, und die Erika so wepsig. Hinterher versteht man sich doch wieder. Unterwegs am Berg aber dürfte es nur selten einmal ein größeres Team geben, bei dem es nicht früher oder später zu nervlichen Strapazen kommt. Es sei denn, dass es sich um einen Zug Gebirgsjäger handelt. Bei denen kann es schon deswegen kaum Meinungsverschiedenheiten geben, weil die ja gar nicht gefragt werden, ob der eine vielleicht lieber jetzt Brotzeit machen will oder der andere erst später. Sondern da heißt es einfach: Zweiter Zuuug … ohne Tritt … marrrsch!!

Zehn Merksätze für Bergwanderer

Mach' dir nicht den Aufstieg schwer:
Sauf' dein Bier erst hinterher!

Wer am Anfang gleich recht stiert,
ist am Ende ausgeschmiert.

Mach' nicht dann erst eine Rast,
wenn du weiche Knie' schon hast.

Nie geh' ohne Proviant
und was gegen Sonnenbrand.

Blöd ist, wer sich bergwärts traut,
ohne eine Regenhaut.

Höre, Wandersmann, die Bitt':
Nimm dein' Abfall wieder mit!

Sei beim Aufstieg nicht zu munter,
denn du mußt ja auch noch runter.

Mancher, der wo abgestürzt,
hätte bloß gern abgekürzt.

Sei nie stur und hirnverbrannt:
Umzukehr'n ist keine Schand'!

Ruhe sollst du hier nicht stören –
überlaß dem Hirsch das Röhren!

Von Rennsäuen und schrägen Vögeln

Dass unser Herrgott einen recht großen und vielseitigen Tiergarten hat, das kann man auch und erst recht auf dem ziemlich beschränkten Raum eines Berggipfels beobachten. Und an der sehr verschiedenen Art, wie manche Leute ihr Gipfelglück genießen.

Normalerweise hat man sich ja beim Aufstieg da herauf doch einigermaßen verausgabt und will deswegen erst einmal in aller Ruhe die wohlverdiente Brotzeit vereinnahmen. Und dann? Mei, dann legt man sich halt noch eine Stunde oder zwei in die Sonne. Schaut den frechen Dohlen zu, wie die sich um die Brotzeitreste raufen. Läßt den Blick über das Panorama schweifen, freut sich an der schönen Aussicht und interessiert sich vielleicht ein bissl, wenn auch nicht übermäßig dafür, was das denn nun im einzelnen für Berge sind, die man da sieht. Und wenn man sich sattgesehen und genügend ausgerastet hat, dann geht man, weil es sich nicht vermeiden läßt, schön staad wieder hinunter.

Aber da kannst du schon auch ganz andere Typen beobachten: Solche, die gesenkten Hauptes und mit so viel Vehemenz den Berg heraufgefetzt kommen, dass man fast meint, man müsse ihnen dreißig Meter unterhalb dem Gipfelkreuz ein energisches „brr!“ oder „Öha!“ zurufen, damit sie noch rechtzeitig die Bremse hineinhauen. Und dann stehen sie da, dampfend wie ein Trabergaul nach dem Rennen, aber auch rastlos wie der Fliegende Holländer.

Brotzeit? Keine Zeit! Hinhocken? Geh, das lohnt sich doch gar nicht. Was diese Typen hier heroben zu erledigen haben, das machen sie gleich im Stehen ab. Nämlich: eine lückenlose Aufzählung all jener Gipfel, die man heute sieht. Sowie auch jener, die man außerdem noch sehen könnte, wenn die Sicht besser wäre. Und wenn sie in längstens fünf Minuten sich darauf geeinigt haben, dass das dort drüben der Dings ist und dass da hinten im Dunst der Sowieso wäre, dann haben sie's auch schon geschafft. Und dann rumpeln sie so beschleunigt ins Tal hinunter, dass der gemächliche Gipfelgenießer noch lange daran herumrätselt, warum diese Rennsäue überhaupt da heraufgehetzt sind. Und warum es ihnen wohl jetzt so pressiert, wieder hinunterzukommen. Ob die vielleicht heute noch auf zwei weitere Berge müssen? Oder ob sie vielleicht mit jemand gewettet haben, dass es möglich ist, die im Führer angegebene Gehzeit um mindestens 100 Prozent zu unterlaufen?

Aber es gibt ja noch viel schrägere Vögel unter uns Bergwanderern. Wie zum Beispiel jenen Mann, der sich offenbar nur zu dem einen und einzigen Zweck aufs Sonnwendjoch hinaufplagte, um dort droben einmal in aller Ruhe und von ganz vorn bis ganz hinten seine Zeitung zu lesen. Inklusive Börsenkurse und Todesanzeigen. Sogar das Feuilleton mit sämtlichen Theaterkritiken und Buchbesprechungen las er mit Andacht und großer Sammlung. Und als er mit allem fertig war, faltete er die Zeitung sorgfältig zusammen, verstaute sie im Rucksack und trug sie wieder ins Tal hinunter.

Und auch das kann man erleben: Urlauber, die sich offenbar nur deswegen auf einen Berg hinaufschinden, um sich dort droben ganz ungestört einmal darüber aussprechen zu können, wie viele Liter pro 100 Kilometer ihr Auto braucht, wieviel Spitze es macht, wie oft sie es waschen lassen, und was ihnen neulich für eine spassige Sache mit dem Zündverteiler passiert ist.

Auf den Bergen gibt es ferner: Leute, die sich dort droben mit Andacht die Zehennägel schneiden. Andere, die binnen zwölf Minuten einen ganzen Film mit 36 Aufnahmen verknipsen. Wieder andere, die einen Transistor mit heraufschleppen, um auf Bergeshöhen andachtsvoll der Direktübertragung eines Fußballspiels zu lauschen. Oder gar einer Bundestagsdebatte. Und einmal habe ich einen gesehen, der ganz versunken 2178 Meter über Normalnull saß und ein großes Kreuzworträtsel löste. Bittschön – wenn's ihn freut! Wenigstens hat *der* keinen Radau gemacht.

Ein Berglied

(frei nach Schiller)

Von der Stirne heiß
rinnen muß der Schweiß,
soll der Berg den Steiger loben.
Alles Gute gibt's erst droben!

Schritt für Schritt hinan,
dann ist's wohl getan.
Laßt am Berg euch gute Weile:
Nur die Rennsau kennt die Eile.

Hat man's dann geschafft,
oft mit letzter Kraft,
weiß man erst so recht zu schätzen
den Genuß: Sich hinzusetzen!

Schön ist's auch ganz anders wo

Ins Wetterstein? Gut und schön. Allgäuer Berge? Auch nicht schlecht. Zur Abwechslung mal den Scheffauer im Kaiser? Prima. Die Blauberge? Das Rofan? Die Lechtaler – oder gar mal ins Stubai oder auf den Glockner? Alles in Ordnung – aber damit reißt du heutzutage keinen mehr vom Stuhl.

Nein, wer sich Aufmerksamkeit für seine Tourenberichte erhofft, der muß jetzt schon ganz was anderes bieten. Zum Beispiel den Dreitausender Teide auf Teneriffa. Das ist eher noch was, da kommt nicht jeder jederzeit am Wochenende hin und hinauf. Gleiches gilt auch für den nicht viel niedrigeren Ex-Vulkankrater auf der Kanareninsel La Palma. Und ganz was Besonderes: Bergwandern auf Korsika oder Sardinien. Weil wir gerade bei Inseln sind: Auch auf Kreta und Zypern gibt's Berge. Und du kannst sogar immer noch nach Mallorca fahren, wenn du es nicht wegen den Badeorten am Strand tust, sondern wegen dem Gebirge über der schroffen Steilküste.

Freilich, grad ausgesprochen exotisch ist das alles auch schon nimmer. Anders sähe es aus, wenn man was vom Atlas berichten könnte. Nicht vom dem Landkartenbuch, versteht sich, sondern beispielsweise von einer Tour auf den 3334 Meter hohen Mittleren Atlas in Zentralmarokko. Oder noch besser: Man erstürme mal einen der drei Gipfel des afrikanischen Kilimandscharo in Tansania. Und sei's auch nicht der vergletscherte Kibo mit seinen 5895 Metern, sondern bloß der kleinste, der 4000 Meter hohe Shira – aber: Ja, dann kann man was erzählen!

Noch besser wäre allerdings irgendwas im Himalaya – aber das bringt jetzt nicht mehr sonderlich viel. Weil: Fast auf jedem nennenswerten Berg war da doch schon mal der Messner und hat Fotos gemacht und Bücher drüber geschrieben. Und wo der nicht auf dem Gipfel stand, da war wahrscheinlich schon früher irgendwann der berühmte Sir Edmund Hillary mit seinem legendären Sherpa Tensing. Davon hat hier jeder schon mal was gelesen, ferngesehen oder gehört – drum würde es jetzt niemand mehr hören wollen, wie es dir – beispielsweise – auf einem Berg namens Abanimma (oder so) in Nepal ergangen ist. Obwohl auf den Fudschijama alljährlich Tausende von Japanern hinaufpilgern, wäre sogar der im hiesigen Bekanntenkreis noch interessanter, weil er mit läppischen 3776 Metern für bücherschreibende Berufsalpinisten kein Thema ist.

Aber wenn unsereiner am letzten Wochenende wieder mal bloß auf dem Schafreiter war. Oder auf dem Unnütz, dem Hochvogel oder der Schöttlkarspitze – ja mei! Um mit Karl Valentin zu sprechen: Am besten gar nicht erst ignorieren, dass uns da keiner mehr zuhören und unsere Fotos nicht anschauen mag! Machen tun wir es ja trotzdem immer wieder. Und anderen *muß* man es doch nicht unbedingt auf die Nase binden, was für pfundige Touren das sind. Sonst kämen ja noch mehr Leut' dorthin – und es sind doch oft eh schon mehr, als uns lieb sein kann. Also pssst: Lieber staad sein und seine Gipfel für sich behalten!

Auf(fi) geht's!

Mit dem September beginnt alle Jahre wieder die Zeit, wo man es einfach packen *muß*. Weil es jetzt mit dem Wetter am allergünstigsten ist, und weil es in ein paar Wochen vielleicht schon nicht mehr hinhaut. Die extrem Zünftigen gehen ja sowieso das ganze Jahr. Aber im Herbst heißt es auch für die weniger Bergnarrischen: Auf(fi) geht's!

Ja – aber wo denn am besten? Einerseits soll's zum Anfang und zum Eingehen etwas sein, was nicht gleich so ein fürchterlicher Schlauch ist. Aber andererseits möchte man doch auch nicht auf einen von jenen „erschlossenen“ Spazierbergen, die so furchtbar überlaufen sind. Und da fällt einem vielleicht ein, dass man doch vor zehn oder zwölf Jahren einmal auf einem recht abgelegenen Berg im Karwendel war. Im Rißtal hinten. Den könnte man eigentlich ruhig wieder einmal machen. Zumal's da hinten bestimmt noch schön ruhig sein mag, indem dass ja auf der Wanderkarte immer noch weit und breit keine Bergbahn und kein Sessellift eingezeichnet ist.

Allerdings merkt man am Samstag oder Sonntag dann bereits in aller Herrgottsfrühe, dass wohl auch noch ein paar andere Leute heute mit dieser ruhigen Gegend etwas im Sinn haben. Denn schon auf der Straße zwischen Lenggries und Vorderriß hat man vor sich und hinter sich eine lange Kette von lauter Autos mit dem Kennzeichen M. Und auf dem Parkplatz am Anstieg muß man die gleiche Feststellung machen wie auf den Parkplätzen in der Stadt: Dass es halt leider immer viel zu viele andere gibt, die schon früher aufgestanden sind. Aber irgendwie und irgendwo gelingt es dann doch noch, den Wagen dazwischenzuklemmen. Also dann: Rucksack um, und auf geht's! Oder vielmehr: Auffi!

Während der nächsten drei schweißtreibenden Stunden macht man sich bereits keine großen Illusionen mehr über eine besonders ruhige und beschauliche Gipfelrast. Aber erst ganz droben wird einem vollends klar, dass man gerade noch zur rechten Zeit gekommen ist. Eine halbe Stunde später nur, und man hätte vielleicht sogar unterhalb vom Gipfel Schlange stehen müssen und warten, bis wieder ein Schub herunterkommt.

Aber Hauptsache, man ist droben. So, und jetzt will man erst einmal die wohlverdiente Brotzeit und dann die Aussicht genießen. Mit der Brotzeit klappt's ja auch noch einigermaßen. Der Rundblick erweist sich dagegen als schwierig. Denn kaum hat man den tiefblauen Achensee im Feldstecher, da sieht man auf einmal nur noch ziemlich rot. Und wenn man dann verblüfft das Glas absetzt, stellt sich heraus, dass es sich um den Sonnenbrand auf der Platt'n eines Münchner Bergkameraden handelt, der seiner sechsköpfigen Familie gerade erklären muß, dass das dort drüben nicht der Wendelstein ist, sondern der Guffert. Was ihm aber keiner so recht abkauft. Mittlerweile hätte es eigentlich auf dem Gipfel ein bißl ruhiger werden müssen. Weil nämlich ein paar Dutzend Leute ganz bestimmt zum Mittagessen noch einen Platz in der Hütte kriegen wollen und deshalb im Eilschritt hinunterwetzen. Aber spätestens hinter der dritten Biegung begegnet ihnen bereits die Vorhut jener Massen, die schon gegessen haben und nun zum Gipfelsturm ansetzen.

Wie heißt's doch in dem alten Lied vom Wildschütz Jennerwein? „Auf den Bärgen, ja da wohnt die Frei-a-heit ...“. Kann schon sein. Von Montag bis Freitag vielleicht. Aber am Wochenende und im Herbst und so nah bei München bestimmt nicht. Denn da wäre ja vor lauter Bergsteigern gar kein Platz mehr für sie.

Trotzdem!

Derloabelt,
derschossen,
derbröselt,
derhaut:
So kommt oft herunter,
wer bergwärts sich traut.
Auf 'm Zahnfleisch,
kappores,
ganz knieweich,
halb hin:
Das alles ist möglich
und jedesmal drin.
Erledigt
und bettreif,
verschwitzt,
ohne Saft –
und trotzdem war's schön, denn:
Geschafft ist geschafft!

Kohldampf-Jodler

(auf dem Gipfel zu singen)

Hollodriojuchee,
ham wir an Durscht!
Hollodriojuchee,
her mit der Wurscht!
Hollodriojuchee,
raus mit'm Bier!
Hollodriojuchee,
hin sind wir schier.
Hollodriojuchee,
Magst a hart's Ei?
Hollodriojuchee
gib mir glei zwei;
Hollodriojuchee,
kracht mir der Mag'n,
Hollodriojuchee,
gar net zum Sag'n!
Hollodriojuchee,
Wie ich mich freu'!
Hollodriojuchee:
Iß und halt's Mäu!

Der Mann, der's genau weiß

Manchmal stellt man sich das eigentlich recht schön vor: Von so einer kleinen, gutfrequentierten, aber doch nicht zu überlaufenen Hütte der Hüttenwirt zu sein. Und zwar von einer solchen, wo es keine Übernachtungen gibt, sondern bloß was zu essen und zu trinken. Denn die Sache ist doch so: Vor zehne, elfe am Vormittag hat man da droben seine absolute Ruhe, früher kommt ja kaum einer herauf. Man kann also so lange vor der Hütte in der Sonne sitzen, die schöne Aussicht genießen, mit dem Zuawiziager ein Gamsrudel beobachten und den Herrgott einen guten Mann sein lassen.

Und wenn sie dann kommen, die Touristen, dann dreht man halt schnell den Propanbrenner auf und heizt den großen Kessel mit der Erbsensuppe an, in der auch gleich die Würstl herumschwimmen. Dann gibt man Bierbüchsen aus, schneidet Brot, haut den Hüttenstempel auf Ansichtskarten und macht ein gutes Geschäft. Ein paar Stunden lang. Denn so um viere, halb fünfe rüsten sich ja doch auch die allerletzten Tritschler zum Abstieg, damit sie bis zum Abend wieder drunten sind im Tal. Und dann hat der Hüttenwirt samt seiner Frau wieder seinen Grüabigen, kann sich auf die Bank vor dem Haus setzen und ganz ungestört den Bergfrieden genießen.

Freilich, zwischendurch muß er natürlich auch immer wieder einmal selber hinunter, um neues Bier und neue Würstl heraufzuholen. Aber die Zeiten, wo man das noch mit dem Muli gemacht hat, sind ja längst vorbei. Heute hat man dafür einen Jeep oder sonst was Geländegängiges, und damit wird das Nachschubholen sozusagen zur Spazierfahrt. Denkt sich jedenfalls der Hüttenbesucher, der ein bißchen neidig ist, weil er selber jetzt wieder hinunter und morgen schon wieder ins Büro muß. An was er nicht denkt: Dass es da droben ja nicht jeden Tag ein Abendrot gibt, sondern oft auch eine recht gräusliche und naßkalte Waschküche. Er bedenkt auch nicht, dass hundert verkaufte Erbsensuppen mit Würstl gleichbedeutend sind mit hundert Tellern, Löffeln, Gabeln und Messern, die abgespült werden müssen. Und er kann sich vor allem nicht vorstellen, was so einem Hüttenwirt an jedem schönen Tag, den der liebe Gott werden läßt, für Löcher in den Bauch gefragt werden. Und zwar immer die gleichen:

Sie bittschön, der eine Berg da drüben, der da hinter dem Geigelstein rausschaut – ist das nicht die Waxenwand? – Wie lang braucht man denn ins Tal nunter, wenn man nicht den Sulzersteig geht, sondern hintenrum über die Grasleiten? – Wie bringen jetzt Sie eigentlich das Sach' alles da rauf? – Soso, mit'm Jeep. Aha, drum. – Gibt's da net noch einen dritten Weg nach Unterau nunter, wo man nicht zuerst noch über den Weiglkopf muß? – Wie lang machen Sie des da heroben schon? – Und was machen Sie eigentlich im Winter? Undsoweiterundsoweiter.

Am häufigsten wird so ein Hüttenwirt aber immer wieder gefragt, was er denn meint, wie das Wetter wird? Ob es noch so bleibt? Oder ob es vielleicht bald umkippen könnte? So was will fast jeder Hüttengast wissen. Denn erstens ist das Wetter für ihn verständlicherweise recht wichtig. Und zweitens meint jeder, dass der Sepp das bestimmt am allerbesten weiß. Denn ein Mensch, der seit Jahren auf dem Berg da heroben lebt und die Natur und das Wetter beobachtet, der kennt sich doch aus. Der kann so was anhand der kleinsten Anzeichen viel sicherer beurteilen als der studierteste Meteorologe, auch wenn er vielleicht keine Ahnung hat, was man unter Isobaren versteht, was ein Azorenhoch ist und wie Zirruswolken ausschauen. Nein, ein Mann wie der Sepp, der macht das mit dem Gespür.

Und richtig: Kaum hat man ihn gefragt, wie denn wohl das Wetter wird, da richtet er auch schon seine scharf beobachtenden Augen gen Himmel, macht einen Augenblick lang ein lauschendes Gesicht, als hätte er gerade einen ganz heißen Draht zum heiligen Petrus, wiegt sodann sein wetterzerfurchtes Antlitz abwägend hin und her und verkündet schließlich seine Weissagung, die von jedermann gläubig aufgenommen wird: Dass man zwar beim Wetter im Gebirge nie nix Gewisses nicht weiß, dass es aber seiner Meinung nach heute schon auf jeden Fall noch herhalten werde und vielleicht auch noch morgen. Oder aber: Dass es durchaus sein könnte, dass sich am Nachmittag ein kleines Gewitterl zusammenziehen täte.

Je nachdem halt, was der Sepp heute früh im Wetterbericht gehört und sich gemerkt hat. Denn natürlich hat er zwar keine Zeit für eigene Wetterforschung. Wohl aber hat er ein Transistorradio.

Am Tag danach

Wenn ein ansonsten recht rüstiger Mensch in der Blüte seiner Jahre eines Montags so kniesteif und lendenlahm daherschleicht wie der letzte Veteran aus dem Siebzigerkrieg. Und wenn er außerdem einen Sonnenbrand im Gesicht hat, dass er leuchtet wie ein frischlackierter Feuermelder. Dann weiß man ziemlich sicher: Dieser Mensch hat am Tag davor die erste Bergtour der heurigen Saison gemacht. Und deshalb wäre er jetzt eigentlich spitalreif. Aber seine Krankheit, die man im medizinischen Fachwelsch vielleicht als akute Musculitis oder poststrapaziöses Syndrom bezeichnen könnte, ist nichts weiter als ein hundsgemeiner Muskelkater. Und ein solcher wird bislang noch von keiner Krankenkasse als Pflegefall anerkannt.

Dabei – und welcher Bergfreund wüßte das nicht – fühlt man sich am Tag nach seiner ersten Tour jedesmal regelrecht schwerversehrt. Nicht bloß wegen der paar Wasserblasen an den Fersen. Die ließen sich mit einigem Sportgeist noch halbwegs ertragen. Nein, viel schlimmer ist die Tatsache, dass einem plötzlich hinten an den Wadeln ein ganzes Stück fehlt. Die Muskeln, die dort sitzen, und deren Existenz und Funktion man normalerweise gar nicht spürt, müssen offenbar über Nacht eingeschnurgelt sein wie ein zu heiß gewaschenes Synthetikgewebe. Jedenfalls sind sie jetzt um eine ganze Spanne zu kurz, was zur Folge hat, dass man sich in diesem Zustand jeden Schritt reiflich überlegen muß. Am kürzesten sind diese Muskelstränge dann, wenn es sich nicht vermeiden läßt, eine Treppe hinunterzugehen. Wohl dem, der einen Lift zur Verfügung hat: Nie war er so wertvoll wie heute! Es soll schon vorgekommen sein, dass ansonsten recht harte Männer am Tag nach ihrer ersten Tour rücklings auf allen vieren über die Treppe hinuntergekrochen sind. Mit zusammengebissenen Zähnen und mit Tränen in den Augen.

Aber die Schrumpfwadl sind ja noch längst nicht alles. Nämlich: In den Oberschenkeln hat man ein Gefühl, als wäre man vergangene Nacht mehrmals durch die Heißmangel gewalkt worden. Und wenn die Tour auf einen Berg ging, wo's keine Hütte gibt, wenn also der Papa auf seinen starken Schultern den Proviant und die Getränke für seine ganze Sippe emporwuchten mußte, so ist er am Tag danach auch obenherum lädiert. Nein, sehen tut man zwar gar nichts. Aber der Papa hat ein Gefühl, als hätte man ihm aus beiden Schlüsselbeinen ein ziemlich großes Stück herausgemeißelt. Und wehe, wenn ihm heute ein freundlicher Mitmensch vertraulich auf die Schulter klopfen sollte: Dieser ahnungslose Sadist schwebt für Sekundenbruchteile in höchster Lebensgefahr!

Zugeben wird das zwar bestimmt keiner, aber am Tag nach der ersten Tour dürfte sich schon so mancher Freund der Berge insgeheim geschworen haben, dies sei garantiert auch seine letzte gewesen. Denn da müßte einer doch total verblödet sein, wenn er ohne Zwang und Not noch einmal etwas täte, wovon man am nächsten Tag so sterbenselend ist. Aber gemach, liebe Bergfreunde: So blöd sind wir ja doch alle immer wieder, und sobald die zu kurzen Wadelmuskeln so um den Mittwoch herum wieder einigermaßen nachzuwachsen beginnen, sind wir auch schon am überlegen, was man denn nun am nächsten Wochenende machen könnte. Zum Glück ist ja der Muskelkater, den man von der zweiten Tour heimbringt, bloß noch halb so wild. Und beim drittenmal bleibt er überhaupt gleich ganz aus.

Aber selbst wenn wir jedesmal von neuem so derbröselt wären wie nach der ersten Tour: Wir täten's trotzdem immer wieder. Denn die eigentliche Krankheit von uns Alpinwanderern ist ja gar nicht der Muskelkater, sondern die Bergsucht. Wer sich mit diesem Virus erst einmal infiziert hat, der kann's nicht mehr lassen. Und wenn er auf dem Zahnfleisch daherkäme!

Vom Umgang mit Eingeborenen

Bei Wanderungen im Alpenraum wird man sehr bald feststellen, dass diese Gebiete trotz – oder vielleicht gerade wegen – des starken Fremdenverkehrs noch immer von beträchtlichen Restbeständen der einstigen Urbevölkerung besetzt gehalten werden. Kontakte mit diesen Eingeborenen werden sich nie völlig vermeiden lassen, denn häufig sind gerade sie es immer noch, die Zimmer zu vermieten haben, Almen und Alpenvereinshütten bewirtschaften, Lebensmittel und Souvenirs verkaufen sowie Bergbahnen, Mautschranken und Gäste bedienen. Der Umgang mit diesen Bergstämmen macht vielen Zugereisten immer wieder Schwierigkeiten. Deshalb hier einige nützliche Tips, deren strikte Beachtung dem Fremden die Sympathie dieser schlichten Leutchen sichert. Die Alpenländler selbst bezeichnen sich je nach Wohngebiet als Bayern, Tiroler, Salzburger, Vorarlberger und so weiter. Aber das hat weiter nichts zu sagen. Man nenne sie ganz einfach allesamt Seppls (männlich) und Zenzis (weiblich), denn über diese neckischen Bezeichnungen freuen sie sich sehr. Untereinander verständigen sie sich zwar in einer Sprache, die Gästen aus Winsen an der Luhe oder Popenbüttel wie Kisuaheli klingen mag. Aber erstaunlicherweise verstehen sie meist trotzdem ganz gut Deutsch. Man kann ihnen also ruhig mal sagen, wie rückständig bei diesen guten Leutchen alles ist und um wieviel besser zu Hause. Dabei sollte man nicht mit Beispielen sparen, denn man will ja nicht etwa bloß meckern, bewahre! Man hat ja vielmehr nur die gute Absicht, den armen Eingeborenen mal ein bißchen den arg beschränkten Horizont zu weiten, und für solche Belehrungen werden sie sicher immer sehr aufgeschlossen und dankbar sein.

Was die Ernährung betrifft, so ist sie teilweise ebenso exotisch wie ihre Sprache. Leider neigen diese Eingeborenenstämme da und dort immer noch dazu, so sonderbare Dinge wie Knödel, Wollwürste, Obatztn oder Dampfnudeln nicht nur selbst für genießbar zu halten, sondern dies auch dem Fremden zuzumuten. Dieser lasse sich am besten gar nicht darauf ein, derart Unübliches zu probieren, sondern verlange in solchen Fällen ungeniert Pfefferpotthast, Grützwürstchen oder Grünkohl mit Pinkel. Stellt man fest, dass die Eingeborenen diese köstlichen Gerichte nicht kennen, so kläre man sie gütig und geduldig darüber auf, dass sie keine Ahnung davon haben, was gut und eines zivilisierten Gaumens würdig ist. Man braucht da keineswegs mit seiner Meinung schüchtern hinter dem Berg zu halten – irgendwer muß es ja diesen Knödel- und Schmarrnfressern mal beibringen, wie unmöglich sie sich und ihre Gäste ernähren.

Gelegentlich zeigen diese braven und geistig anspruchslosen Individuen auch ihrerseits Neigung, sich für die empfangenen Belehrungen mit guten Ratschlägen zu revanchieren, was natürlich absolut lächerlich ist. Man weiß schließlich, wer man ist und was man kann, und braucht sich von so einem hinterwäldlerischen Gebirgsheini wirklich nichts sagen zu lassen. Da reiten sie beispielsweise immer wieder auf ihren alten Vorurteilen herum, mit leichten Halbschuhen oder in Sandalen könne man doch unmöglich die geplante Bergtour machen. Da droben, so wollen sie einem weismachen, könne das Wetter sehr rasch umschlagen, und wer dann nicht richtig ausgerüstet sei, der gerate leicht in Lebensgefahr. Schon mancher sei mit glatten Sohlen auf glitschigen Bergpfaden ins Rutschen gekommen, und so weiter. Man höre nicht auf derlei Schauermärchen. Gewiß, diese Warnungen sind gut gemeint, aber die Leute haben ja keine Ahnung, was der Mensch alles kann, wenn er nur will. Man mache sich also ruhig in Bermuda-Shorts und Kneipp-Sandalen an einen Zweitausender und lasse sich auch durch Hinweise auf einen drohenden Wettersturz nicht abhalten. Im schlimmsten Fall, wenn man wirklich hängenbleiben sollte, gibt's ja immer noch die Männer von der Bergwacht, und die sind doch direkt froh, wenn sie auch mal was zu tun kriegen.

Auch sonst kümmere man sich tunlichst nicht um all jene läppischen Regeln, die sich die einfältigen Eingeborenen für Bergwanderer ausdenken. So haben diese Leutchen beispielsweise den Tick, bestimmte Pflanzen für geschützt zu erklären. Außerdem wollen sie einem gelegentlich weismachen, der zünftige Bergwanderer verhalte sich ruhig und mache keinen unnötigen Lärm. Natürlich alles barer Unsinn! Man setze sich souverän über solche autoritären Empfehlungen hinweg, das macht Eindruck, und dann merken die Leute, dass sie es mit einer starken und freien Persönlichkeit zu tun haben. Also: Man pflücke nach Lust und Laune ruhig alles, was da am Wege steht. Damit die Bergwiesen farblich nicht zu eintönig werden, kann man ja an Stelle der abgezupften Blumen da und dort ein paar farbenfrohe Abfälle zurücklassen. Vor allem Bier- und Cola-Büchsen sowie Plastiktüten eignen sich hierfür prächtig, da sie besonders verrottungsbeständig sind. Sollte irgendein eingeborener Bergfex es wagen, auch nur den leisesten Einwand vorzubringen, so lasse man sich auf keinerlei Diskussionen ein, sondern verweise mit ein paar freundlichen Worten darauf, dass man schließlich jede Menge Geld ins Land bringe, weshalb der urige Seppl gefälligst die Schnauze zu halten habe. Diesen gemütlichen Umgangston schätzen übrigens die braven Alpenländler besonders – weiß man doch, dass sie sich untereinander hauptsächlich mit dem Götz-Zitat zu begrüßen pflegen. Rauh, aber herzlich, wie sie nun mal sind!

Die guten Leutchen neigen auch ein wenig zu überheblichem Stolz auf sich und ihresgleichen, obgleich man ja nun wirklich nicht sehen kann, wieso und warum. Wer so langsam spricht und schaut wie diese Halbwilden, der ist nun mal kein fixer Junge. Und überhaupt: Gäbe es nicht die Fremden, die mitleidigerweise den Rubel rollen lassen, dann wären diese Leute ganz auf ihre glücklichen Kühe angewiesen, und dann ginge es ihnen verdammt dreckig. Dies sollte man ihnen deutlich zu verstehen geben, damit sie nicht zu übermütig werden.

Zum Schluß noch ein spezieller Tip: Wer über eingezäunte Almwiesen latscht, dabei das Gatter sperrangelweit offenläßt und einer Kuh die Glocke vom Hals klaut, erwirbt sich mit dieser Mutprobe die ganz besondere Sympathie und hohes Ansehen bei Bergbauern, Almburschen und Sennerinnen.

Latschen-Killer und Enzian-Marder

Irgendwann vor langer Zeit, als das Bergwandern noch nicht so „in" gewesen ist, waren zwar viele Alpenpflanzen auch schon geschützt. Aber das hätte es damals eigentlich gar nicht gebraucht. Selbst wenn sich seinerzeit der eine oder andere von den wenigen Auf- und Absteigern ein paar Blümerl mitgenommen hätte, so wäre das nicht weiter schlimm gewesen. Das hätte die alpine Flora leicht verkraftet. Wie gesagt: Selbst wenn! Tatsächlich sind damals aber vorwiegend nicht solche Leute in die Berge gegangen, die sich fitten und trimmen wollten. Keine Gipfelsammler und Gehzeitunterbieter, sondern hauptsächlich echte Naturfreunde. Und die hatten auch noch genug natürlichen Respekt und Anstand.

Heute ist das längst ganz anders. Den Bergen selber macht es zwar nicht sonderlich viel aus, dass jetzt massenhaft auf ihnen herumgetrampelt wird. Aber den Bergpflanzen tut dieser Breitensport in der Höhe halt gar nicht gut. Es ist nicht mehr zu übersehen: Die Latschen-Killer sind unter uns! Die Enzian-Marder, die Frauenschuh-Mörder, die Türkenbund-Ausrotter, die Almrausch-Knicker. Die Edelweiß-Krampfler sind in dieser Aufzählung keineswegs vergessen worden, aber solche gibt es kaum. Weil es kaum noch Edelweiß gibt.

Offenbar handelt es sich bei allen diesen Leuten um Analphabeten. Denn wenn sie lesen könnten, dann würden sie wissen, dass man in den Bergen nichts abreissen soll. Hat doch die Bergwacht allerorts Schilder angenagelt, auf denen mit einem rührenden Vierzeiler darauf aufmerksam gemacht wird. Auch an jeder Bergbahnstation und in sämtlichen Hütten findet sich eine

Tafel, auf der die geschützten Pflanzen in Wort und Bild vorgestellt werden. Aber der Effekt ist genau gegenteilig. Die Naturschänder werden durch diesen Katalog eher noch dazu angeregt, sich zu bedienen, falls ihnen so was am Wegrand blühen sollte. Dabei sind solche Räubereien völlig sinnlos, denn abgesehen von den Latschenzweigen ist doch alles Abgepflückte längst verwelkt, bis man es zu Tal gebracht hat. Wie ja schon das Sprichwort sagt: „Unrecht Gut gedeihet nicht." Das gilt übrigens auch für jene Pflanzenräuber, die nicht nur was für die Vase mit heimnehmen möchten, sondern auch was für ihren Garten. Die also die Sache gleich an der Wurzel packen und die ganze Pflanze mit Stumpf und Stiel ausgraben. Selbst wenn man sich noch so bemüht, einer Bergpflanze mit einem schönen Wurzelballen daheim im Garten einen Vorzugsplatz und eine Vorzugsbehandlung zu geben: Es ist alles nicht nur umsonst, sondern auch vergebens. Ein solches Berggewächs geht drunten im Tal unweigerlich ein und seine Überlebenschancen sind gleich Null.

Dies sei hiermit allen jenen gesagt, die es trotzdem immer wieder probieren. Obwohl schriftliche Ermahnungen nicht viel Zweck haben, denn wie gesagt: Offenbar muß es ziemlich viele Bergkameraden geben, die nicht lesen können. Man wird sich also damit abfinden müssen, dass die seltenen Pflanzen immer noch seltener werden. Denn es gibt leider keine Möglichkeit, einem Naturbanausen den Zutritt ins Gebirge zu verbieten. Und es gibt auch keine Berg-Lizenz und keinen Wander-Schein, den man ihm bei wiederholten Verstößen gegen die Naturschutzgebote auf Lebenszeit entziehen könnte.

Aber das kann vielleicht auch noch kommen ...

Gipfel-Konferenzen

Bei schönem Wetter baggert der Sessellift pausenlos Leute hinauf in die Bergeinsamkeit des beliebten Aussichtsgipfels. Vorwiegend solche, die wie für einen Spaziergang auf der Strandpromenade oder für das Nachmittagskonzert im Kurpark feingemacht sind.

Während der zehn oder fünfzehn Minuten, in denen sie nach oben geliftet werden, haben diese Bergfahrer keine Gelegenheit, miteinander zu reden. Jeder sitzt isoliert und einsam auf seinem Sessel. Wegen des großen Abstandes bis zum nächsten kann man sich höchstens ab und zu durch einen kräftigen Huhuschrei oder Holdrioruf bemerkbar machen. Oben angelangt, bricht sich jedoch der so lange angestaute Strom der Rede spontan Bahn. Da geht es dann beinahe so gesprächig zu wie bei einer Gipfelkonferenz. Man versichert sich gegenseitig, gleichzeitig und lautstark, dass die Fahrt hier herauf ein großartiges, wunderbares, einmaliges, unvergeßliches, überwältigendes und unbezahlbares Erlebnis sei.

Außerdem berichten die einen, sie hätten bei jeder Seilstütze so ein komisches Kitzeln im Bauch verspürt, während andere erzählen: nein, gar nicht – bei ihnen sei es an den Fußsohlen gewesen.

Mindestens mit jedem sechsten Sessel eines Sessellifts kommt ein Zeitgenosse oben an, der sich immer und überall und also auch hier bereits bestens auskennt. Und weil er auch andere gerne von seinem Wissen profitieren läßt, streckt er sofort seinen Zeigefinger in sämtliche Himmelsrichtungen und nennt dazu die Namen von Bergen. Die anderen hören ihm zu, nicken beeindruckt und sagen „aha!“ und „soso“ und „tatsächlich?“ Manchmal fragt jemand nach einem Berg, den es in dieser Gegend gar nicht gibt. Aber das macht dem, der so gut Bescheid weiß, überhaupt nichts aus. Er deutet in irgendeine Richtung. Dort! Da hinten müßte er sein. Man sieht dort zwar nichts, aber das kommt halt daher, weil da heute gerade eine Dunstschicht davorliegt. Kurz vor einem Gewitter müßte man hier sein, oder bei Föhn, dann würde man ihn bestimmt ganz klar sehen. Jenen Berg, der ganz woanders liegt.

Begeisterung macht durstig. Deshalb setzt man sich alsbald auf die Terrasse des Bergrestaurants und blickt abwechselnd ins Glas und durchs Glas auf die majestätisch aufragenden Zacken und Spitzen vis-à-vis. Und wenn man sich so an die zehn- bis zwölfmal gegenseitig bestätigt hat, wie großartig, wunderbar, einmalig, unvergeßlich, überwältigend und unbezahlbar diese Aussicht ist, wendet sich die Gipfelkonferenz anderen Themen zu. Die Herren ereifern sich über die sinkende Arbeitsmoral oder über die Möglichkeiten der Mitbestimmung im Betrieb, über das derzeitige Niveau in der Bundesliga oder über die steuerlichen Vorteile der degressiven Abschreibung. Die Damen sind sich darüber einig, dass so eine Tiefkühltruhe halt doch enorm sparen hilft, weil ja am Samstag das Gemüse um mindestens die Hälfte teurer ist als unter der Woche. Außerdem tauscht man Rezepte für mazedonischen Reisauflauf und für das Einlegen von süßsauren Gurken aus. Selbstverständlich sprechen die Damen auch über ihre Frisuren, ihre Erziehungsprinzipien und über die neueste Entwicklung der Mode, denn dieses Thema kommt unweigerlich dran, wo Damen längere Zeit beisammen sind. Daran kann weder der Höhenunterschied noch der Fernblick auf schneebedeckte Dreitausender etwas ändern.

Kurz bevor es Zeit wird, wieder talwärts zu schweben, müssen schnell noch ein paar Ansichtskarten geschrieben werden. Wie viele brauchen wir denn? Fünf werden wahrscheinlich genügen. Eine an Hartungs und eine an Stelzbeins. Eine muß die Omi kriegen, die freut sich immer so! Auch Familie Rabattnik darf man keinesfalls vergessen, wo die doch auch aus Venedig und aus Rovinji geschrieben haben. Und selbstverständlich müssen auch Unterbergers das Alpenpanorama wenigstens in Schwarzweiß bekommen – die wären ja sonst auf ewig beleidigt!

Hat man so seine Lieben und weniger Lieben alle pflichtschuldig und herzlichst gegrüßt, dann liftelt man wieder hinunter. Und drunten erzählt man sich gegenseitig schnell noch einmal, wie großartig, einmalig, wunderbar, unvergeßlich, überwältigend und einfach unbezahlbar doch so ein Aufenthalt da droben ist. Da droben in der majestätischen Stille der Bergeinsamkeit, wo man für Stunden einmal ganz den Alltag weit unter sich lassen kann.

Wer einmal aus dem Rucksack aß …

Dass man auch mit einer Plastiktüte in der Hand, ja sogar mit einer Aktentasche als Proviantbehälter eine Bergwanderung machen kann, wird durch Tausende von Gelegenheitstouristen in jeder Saison bewiesen. Bloß: Dazwischenkommen darf da nichts Unvorhergesehenes. Weder ein Wettersturz noch eine durchgewetzte Wasserblase. Keine Verletzung und kein Kopfweh. Kein verknackster Hax und kein Weg, der sich nach zwei Stunden als der ganz falsche erweist.

Weil aber irgend so was jedesmal drinsein könnte, braucht ein vernünftiger Bergwanderer halt doch erheblich mehr als bloß zwei Schinkensemmeln, eine Büchse warmes Bier und einen Fotoapparat. Nämlich: Einen wasserdichten Anorak und einen Pullover. Eine kleine Rucksackapotheke, in der nicht bloß Pflaster drin sind, sondern auch was zum Ab- und Verbinden und was gegen Kopfweh und fürs Herz. Dann ein kleines Flaschl Schnaps. Dörrobst. Traubenzucker. Und sonstige konzentrierte Kraftnahrung. Dann eine Wanderkarte und einen Kompaß, vielleicht auch ein Fernglas und ein paar Reservesocken, eine Regenhaut und vor allem natürlich Proviant.

Wenn man das alles fein säuberlich verstauen wollte, würde es glatt einen mittleren Handkoffer füllen. Da man einen solchen aber nur mit großen Strapazen auf einen Berg schleppen könnte, stopft man all dieses G'raffl lieber in einen Rucksack. Der hat erstens den Vorteil, dass man die Hände frei behält und dass er zweitens wunderbarerweise immer innen um ein gutes Stück größer ist, als er außen ausschaut – man muß sein Sach' nur entsprechend fest hineinstopfen, dann geht immer noch ein bissl was.

Das Rucksack-Einpacken ist, wie gesagt, ganz einfach. Schwieriger wird es dagegen, wenn man unterwegs was aus dem Rucksack braucht. Zum Beispiel: Eine Handvoll getrockneter Aprikosenschnitze, um den Durst zu mildern und dem Knieschnackler (auch Hungerspinat genannt) infolge stark abgesunkenen Blutzuckerspiegels vorzubeugen. Ja zum Kuckuck noch amal: Wo sind denn jetzt diese blöden Aprikosen? Nun ja, wo werden sie denn schon sein? Ganz zuunterst drin halt. Und dann geht die Rucksackwühlerei los. Manche machen das wie ein Metzger, der eine soeben geschlachtete Sau ausweidet: sie reissen die Verschnürungen auf und dann angeln sie mit geübten Griffen nacheinander die sämtlichen Rucksack-Eingeweide heraus. So lang, bis das Gewünschte auftaucht.

Und dann fliegt alles übrige wieder in den Rucksack hinein. Soooo ... noch ein bißl nachstopfen, und schon kann man ihn wieder zuschnüren. Andere scheuen so viel Arbeit und tauchen statt dessen mit einer Hand bis zum Ellenbogen in die Geheimnisse des Rucksacks ein. Mit prüfendem Gesicht fingerln sie blindlings in den unergründlichen Tiefen und Falten herum, bis sie das greifen, was sie suchen. Aber das muß dann erst noch durch den ganzen anderen Wust hindurch ans Tageslicht gezerrt werden.

Die eine wie die andere Methode bekommt dem Rucksack-Inhalt nicht immer sehr gut. Denn da sind manchmal auch teigige Birnen drin. Oder vermeintlich harte Eier, die um ein paar Minuten zu wenig gekocht worden sind. Oder ein Stück Gesundheitskuchen, das sich bei rauher Behandlung in tausend Bröckerl zerbröselt. Und dann braucht vielleicht bloß noch der Verschluss einer Thermosflasche nicht ganz dicht zu sein. Oder: Ein schon recht reifer Backsteinkäs' verträgt die Hitze nicht und fängt das Laufen an. Oder: Eine Tafel Schokolade wird so baazweich, dass man sie mit dem Löffel essen müßte. Dann ist die Rucksacksauerei perfekt.

Bloß gut, dass man auf einer Bergtour sonderbarerweise plötzlich nicht mehr so etepetete ist wie sonst. Und dass man, wenn man richtig Hunger hat, auch einmal ein Schokoladenwurstbrot oder einen Käsegesundheitskuchen mit gutem Appetit verspeisen kann. Noch dazu sogar mit ziemlich dreckigen Fingern, mit denen man im Tal drunten bestimmt keinen Bissen zum Munde führen würde – nicht einmal mit der Gabel, geschweige denn so!

Merke: Wer einmal aus dem Rucksack aß, dem graust's so schnell vor gar nichts mehr.

Aufstiegs-Gespräche

Gleich am Anfang:

„Sodala – jetzt wollen wir's packen!
Ham wir alles? Dann geht's los.
Da schau nauf: Zu diesem Zacken
brauchen wir zwei Stunden bloß.
Aaah, die Luft ist wirklich köstlich,
und es steigt sich heut' ganz leicht,
und den ersten Abzweig östlich
ham wir sicher bald erreicht.
Da schau nauf, da drom, die andern –
du, die machen, scheint's, schon schlapp.
Wenn wir stur so weiterwandern,
hängen wir die glatt noch ab!"

Nach zwei Stunden

„Mei – fei ganz schön heiß wird's heute.
Hätt' ich wirklich nicht gedacht!
Rennts doch net so narrisch, Leute!
Jetzt wird erst noch Brotzeit g'macht.
Geh, man muß doch nicht so rasen –
g'mütlich kommt man auch hinauf.
Mensch, verdammt: Ich hab' a Blas'n,
und ich glaub, die geht schon auf."

Nach drei Stunden

„Aaaaah ... das wird ja immer schlimmer ...
kehren wir nicht lieber um?
Noch einmal mach' ich das nimmer –
Schließlich ist man doch nicht dumm!"

Auf dem Gipfel

„Uaaah … jetzt erst einmal verschnaufen …
und dann saufen … saufen … saufen …“

Drei Tage später

„Ja, wir sind recht stramm gelaufen.
Nein, es hat uns kaum geschlaucht.
Uns doch nicht! Und samt Verschnaufen
ham wir knapp drei Stund’ gebraucht.“

Ja – so lügt man später heiter.
Keine Rede von Gestöhn
und so weiter und so weiter:
Hinterher war’s immer schön!

Ein schöner Schmarren

Wie kommt man eigentlich dazu, von einer Sache, die nichts taugt, auf baierisch zu behaupten, das sei aber wieder einmal ein schöner Schmarren? Wo doch ein Schmarren (ob er nun die Vorsilbe Kaiser- oder Eier- trägt) mit zum Köstlichsten gehört, was man im deutschsprachigen Alpenraum auf den Teller kriegen kann.

Freilich, ein Feriengast oder ein Stadterer, der ein solches Schmankerl bislang nur drunten im Tal verkostete, der hat natürlich nicht die rechte Ahnung. Denn wie gut ein Schmarren wirklich schmeckt, das weiß einer erst, wenn er ihn einmal nach dreistündigem Aufstieg auf einer Hütte hoch droben in den Bergen in sich hineingegabelt hat. Mhmmm!

Ob es nur an der Höhenluft liegt, dass der Schmarren dort droben besser wird? Oder ob die Hüttenwirtinnen irgendein besonderes, geheimes Rezept haben? Man weiß es nicht. Tatsache ist aber, dass nicht jedermann und zu jeder Zeit und von jeder Hüttenwirtin einen Schmarren bekommen kann. Denn wenn ihr ein Gast unsympathisch ist, dann wird sie immer eine unwiderlegliche Ausrede finden, warum sie gerade heute keinen Schmarren wirklich nicht machen kann. Entweder ist das Feuer zu klein oder der Betrieb zu groß. Oder die Eier sind grad ausgegangen, oder die Milch reicht nimmer. Kurzum: Wenn die Hüttenwirtin nicht mag, dann mußt du halt Erbsensuppe mit Würstl nehmen, oder ein Gulasch mit Nudeln oder das „Bergsteiger-Essen“, das meistens ebensowenig kostet, wie es taugt. Aber einen Schmarren? Nein, einen Schmarren kriegst du dann nicht. Um keinen Preis.

Nun gibt's allerdings da und dort Hüttenwirtinnen, die mögen meistens schon. Auch ohne dass man ihnen besonders lang schön tut. Aber sonderbarerweise schmeckt bei denen der Schmarren halt auch nicht ganz so gut wie bei jenen anderen, die zuerst jedesmal recht grantig dreinschauen, wenn man fragt, ob man heute vielleicht bittschön einen Schmarren kriegen könnte? Und nun kommt der Trick: Nach dieser Frage darf man der Wirtin gar keine Zeit zum Antworten lassen. Man muß vielmehr sofort ein Loblied anstimmen auf den Schmarren, den man letztesmal hier heroben gegessen hat, und der so gut war, wie ihn sonst keine im ganzen Bayern- und Tirolerland machen kann. Und wenn man selber noch nie auf dieser Hütte war, dann sagt man: Ein Freund habe einem dermaßen von diesem berühmten Schmarren vorgeschwärmt, dass man jetzt eigens da heraufgestiegen sei, bloß deswegen, um wenigstens ein einziges Mal in seinem Leben auch dieses Genusses teilhaftig zu werden.

Was erwidert eine Hüttenwirtin auf solche massiven Schmeicheleien? Entweder sagt sie, nachdem sie sich das eine Weile angehört hat, ganz stur: „Naa, heit geht's net." Und dann geht auch wirklich nichts. Oder aber sie sagt gar nichts, sondern haut schweigend ein halbes Dutzend Eier in einen irdenen Hafen, und dann weiß man, dass man es geschafft hat: In einem knappen halben Stünderl wird man seinen Schmarren auf dem Tisch haben.

Wenn ihn die Wirtin bringt oder wenn man ihn sich in der Küche holen darf, braucht man nicht mehr viel zu sagen. Ich habe bei dieser Gelegenheit einmal recht enthusiastisch ausgerufen: „Mei, der schaut fei gut aus!" Worauf mich die Hüttenwirtin recht gekränkt belehrte:

„Was tuat der? Guat *ausschaun?* Mei liaba Mo – der *is* scho guat, gell!“ Nach solchem Zwischenfall konnte man es natürlich nicht mehr wagen, auch nur ein Bröserl von diesem Schmarren stehenzulassen. Obwohl die Portion so groß bemessen war, dass es wirklich aller Kraftanstrengungen bedurfte, um den gackerlgelben Schmarrenberg vom Teller zu putzen. Dass ich es dennoch geschafft habe, war mein Glück. Denn andernfalls, da bin ich sicher, hätte diese gute Frau mir ganz bestimmt nie wieder einen Schmarren gemacht. Und das wiederum wäre schade gewesen, denn obgleich man zwar mit Superlativen vorsichtig sein soll, so kann man doch getrost wenigstens so viel sagen: Der Schmarren, den diese Frau macht (falls sie mag), ist einer der besten, den es nördlich des Alpenhauptkammes gibt. Und einen besseren find’st du nicht.

Dabei kommt man auch noch relativ leicht an ihn hin, denn man muß sich diesen Genuß nur mit knappen zwei Stunden Aufstieg verdienen. Er wäre leicht das Doppelte wert! Jaaa… und nun werden natürlich viele wissen wollen, wo denn diese Hütte liegt, und wie man da hinkommt. Wer es wissen möchte, der kann sich bei mir schriftlich und mit Rückporto um Auskunft bewerben. Wenn mir der Brief sympathisch ist, dann schreibe ich postwendend zurück.

Aber freilich nicht jedem.
Und nur, wenn ich mag!

Das Edelweiß aus Neuß am Rhein

Bloß gut, dass die arglosen Gäste und Andenkenjäger aus dem Flachland das nicht wissen. Dass nämlich das Edelweiß, das sie am Andenkenkiosk kaufen, bestimmt nicht von der Zugspitze oder vom Nebelhorn stammt, und dass es auch nicht von irgendeinem schneidigen „Seppl" unter Lebensgefahr aus höchsten Regionen heruntergeholt wurde. Die schönen und garantiert echten Edelweiß stammen nämlich meistenfalls aus einer Gärtnerei zu Neuß am Rhein, die Hotels und Andenkenläden überall im Alpenraum beliefert. Auch der blaue Enzian wird von tüchtigen rheinischen Alpenblumen-Spezialisten als Topfblume gezüchtet und verkauft.

Wenn der Feriengast aus nördlichen Gefilden auch das noch wüßte, bliebe ihm wirklich kaum eine Enttäuschung erspart. Gleich zu Beginn seines Urlaubs mußte er erfahren, dass die braunen Tiere, die hinter seiner Pension grasen, durchaus keine Jemsen, sondern ganz gewöhnliche Ziegen sind. Sodann fiel ihm auf, dass Leute, die in gebirglerischer Tracht herumlaufen, meist aus Hamburg, Bochum oder Lüdenscheid kommen. Wer aber aussieht wie ein Sommergast, ist hingegen meist ein Eingeborener. Ferner mußte er zur Kenntnis nehmen, dass die meisten Bayern gar nicht jodeln können. Und nun noch die Geschichte mit dem Edelweiß! Man könnte es niemand übelnehmen, wenn er nach diesen Erfahrungen den Verdacht nicht loswürde, dass vielleicht auch die Berge selbst nicht so ganz echt und nur zur Hebung des Fremdenverkehrs aufgebaut sein könnten.

Um auf das Edelweiß zurückzukommen: Der Neusser Alpengärtner liefert nicht nur das gepreßte Edelweiß. Er läßt auch Setzlinge aus seinen Zuchtbeeten auf den Bergen anpflanzen, um das Edelweiß in den Alpen vor dem Aussterben zu bewahren. Hoch klingt das Lied vom braven Mann, kann man da nur sagen. Vor lauter Naturschutzbegeisterung könnte er sich schließlich noch ein gutes Geschäft verderben. Übrigens: Wenn die Edelweißgärtnerei fleißig weiterexperimentiert und kreuzt, dann gelingt ihr vielleicht eines Tages die Züchtung eines wetterfesten und frostsicheren rheinischen Rebstockes, der sogar an den Hängen der Zugspitze gedeiht. Dann könnte sich Bayern für das rheinische Edelweiß revanchieren und Garmischen Rheinwein nach Rüdesheim exportieren.

Gipfelmäuse

Also nein: Auf die Sache mit den Jemseneiern fällt doch schon seit Generationen kein Bewohner der norddeutschen Tiefebene mehr herein. Eher hat man noch mit dem Walpertinger oder Wolpertinger gewisse Chancen. Da soll es wohl auch heute noch möglich sein, dass man einen Leichtgläubigen nach etlichen Mass Bier oder Schoppen Wein so weit bringt, mit einem Sack durch Nacht und Wind zu stapfen, um so einem sagenhaften Viecherl aufzulauern.

Aber in nüchternem Zustand kauft einem auch den Wolpertinger heutzutage niemand mehr ab. Und wer weiß: Wenn man nicht ab und zu tatsächlich welche zu Gesicht bekäme, dann hielten manche Fremden vielleicht sogar die Gämsen für ein bloßes Gerücht und eine mutwillige Erfindung der Einheimischen zum Derblecken der Fremden.

Wenn ich aber jetzt behaupte, dass es in unseren Alpen außer besagten Gemsen sowie den Mankeis (zu deutsch: Murmeltiere) auch Bergmäuse oder Gipfelmäuse gibt, dann werden nicht nur Gäste aus dem Flachland, sondern auch alpenländische Eingeborene mitleidig lächelnd den Kopf schütteln: Nein, lieber Freund! Bergmäuse? Gipfelmäuse? Einen solchen Bären kannst du doch uns nicht aufbinden!

Nun wäre die Sache ja ganz einfach zu beweisen, wenn wenigstens im Lexikon irgendwas Derartiges drin-stünde. Aber dort unterscheidet man im wesentlichen bloß Feld-, Wald- und Hausmäuse. Auch Spring-, Tanz- und Haselmäuse werden noch erwähnt, ferner die Ährenmaus, Gelbhalsmaus und Brandmaus. Von der Alpinmaus jedoch ist mit keinem Wort die Rede.

Na also, werden jetzt die Bergfreunde sagen, da haben wir's doch: Das mit dem seiner Gebirgsmaus ist genau der gleiche Schmarrn wie der Schmäh mit dem Wolpertinger.

Und dennoch, Bergkameraden: Ich habe mit eigenen Augen schon Gipfelmäuse gesehen. Auf einem knappen Zweitausender, wo kaum noch ein Grashalm zwischen lauter Steinbrocken wächst, sind sie um das Gipfelkreuz herumgewuselt, und weil wir uns ganz still verhalten haben, wagten sich die scheuen Viecherl immer näher heran an die Brösel, die uns beim Brotzeitmachen hinunterfielen. So eine Bergmaus sieht nicht viel anders aus als irgendeine Feld-, Wald- und

Wiesenmaus. Höchstens ein bißchen kleiner vielleicht. Nichts Besonderes also. Nichts, was man unbedingt gesehen haben müßte. Aber trotzdem ein ganz eigenartiges Erlebnis. Denn so hoch droben, wo – von Bergwanderern einmal abgesehen – sonst nur noch die frechen und fluggewandten Dohlen anzutreffen sind, hat der Anblick einer wolligen, schüchternen kleinen Maus etwas ungemein Rührendes. Von was mögen diese Gipfelmäuse wohl leben? Nur von den Abfällen und Rucksackbrosamen der Wanderer? Dann geht's ihnen zwar in der Ferienzeit recht gut – aber sonst? Und was machen sie im Winter? Graben sie sich irgendwo zwischen den Steinen ein oder steigen sie ab ins Tal und suchen sich irgendeine warme Kartoffelmiete als Winterquartier? Ich weiß es nicht. Und es ist ja auch nicht so wichtig. Hauptsache, die Gipfelmäuse wissen, wie sie es machen müssen, damit sie durchkommen und überleben.

Wie bitte? Jaja, ich weiß, viele alte Hasen werden mir die Gipfelmaus trotzdem immer noch nicht glauben. Warum, so werden sie sagen, haben *wir* denn noch nie so ein Viecherl gesehen? Wir gehen doch auch an jedem Wochenende, das nur einigermaßen dazu taugt, ins Gebirg, und wir haben dort schon so ziemlich alles an seltsamem Viecherzeug zu Gesicht gekriegt, sogar Kupferottern und Wasseramseln – aber eine Gipfelmaus noch nie! Das mag schon sein, liebe Leute. Aber das liegt halt daran, dass Gipfelmäuse sehr scheu sind. Die sind noch nicht so degeneriert wie mancherorts die Murmeltiere, die dem Touristen schon aus der Hand fressen, vorausgesetzt, er bietet nicht bloß ein Stück Brot, sondern eine Rippe Schokolade. Gipfelmäuse sind ängstlich, und deshalb wird man sie wohl kaum je auf einem jener gängigen Berge zu Gesicht bekommen, wo jeden Samstag und Sonntag ein paar Hundertschaften hinaufkraxeln. Und selbst auf stillen Gipfeln, die kaum begangen sind, wird man die Gipfelmaus nicht sehen, wenn man in Gruppen zu dritt, viert oder noch mehr dort hinaufsteigt. Denn das ist ja ganz klar: Drei, vier oder noch mehr Leute können doch unmöglich länger als ein paar Minuten lang ganz still dahocken und das Maul halten. Genau das aber wäre die Voraussetzung. Man muß vielleicht sogar einmal eine Stunde lang mucksmäuserlstill dasitzen können, bis eine Gipfelmaus aus ihrem Versteck heraushuscht.

Nun könnte ich zwar schon einen Platz nennen, wo man mit ziemlicher Sicherheit Gipfelmäuse zu Gesicht kriegen kann. Aber blöd werd' ich sein und den Namen jenes Berges preisgeben, wo es bis jetzt noch so staad ist, dass man manchmal sogar eine Stunde oder noch länger mit Mann und Maus ganz allein sein kann. Nein, da ist es mir schon noch lieber, wenn man mich für einen Fabulierer hält und meine Gipfelmäuse in die Tiergattung der Wolpertinger und Tatzlwürmer einordnet.

Man kommt nirgends mehr aus

Das ist das Schöne an einer Bergtour: Dass man einmal ganz und gar abschalten kann. Dass man mit jedem derschnauften Höhenmeter die Niederungen des Alltags und die Dunstglocke der Stadt wieder ein Stückchen unter sich läßt.

Schon früh am Morgen fängt das an, wenn du irgendwo hinterhalb von Oberpratzelbach beim letzten Einödhof gleich hinter der Brücke dein Auto unter ein paar Bäume schiebst. So – jetzt die Bergstiefel anziehen, den Rucksack schultern, und los geht's. Zurück bleibt der Stink-Karren (um den du allerdings bei der Rückkehr wieder sehr froh sein wirst), zurück bleibt auf dem Rücksitz die heutige Zeitung mit den beunruhigenden Nachrichten von gestern und den Aussichten für morgen und übermorgen. Und auch alle Zivilisationszwänge, die dich sonst beengen, läßt du im Tal drunten.

Bergtour – das heißt ja unter anderem auch: Einen Tag lang keine Krawatte tragen. Einen Tag lang nicht höflich sein müssen. Einen Tag lang keinen Chef und keinen Kunden, keinen Kollegen und keinen Nachbarn zu Gesicht kriegen. Einen Tag lang kein Telefon klingeln hören und angesichts der aufgehenden Sonne ganz vergessen, dass es auf dieser Welt so blödsinnige Einrichtungen wie Berufe, Fernsehprogramme, Cocktailpartys, Verkehrsstauungen, Modezeitschriften und Uhren gibt.

Besonders schön und intensiv erlebt man dies alles, wenn die Bergtour nicht an einem Samstag oder Sonntag stattfindet, sondern wenn man sich einmal mitten unter der Woche dafür freimachen konnte. Wobei es allerdings gerade an solchen Tagen, wo die anderen alle arbeiten müssen, gar nicht immer so leicht ist, den geistigen und seelischen Alltags-Ballast im Tal drunten zurückzulassen. Denn selbst wenn du vielleicht schon eineinhalb Stunden friedvollen Anstiegs hinter dir hast, wirst du möglicherweise von der Kirchturmglocke von Oberpratzelbach noch einmal in die Niederungen dieser Welt heruntergebimmelt. Weil dir bei diesem fernen Glockenschlag einfällt, dass für die anderen daheim jetzt die Arbeit anfängt.

Je länger der Aufstieg dauert und je höher die Sonne steht, desto mehr wird das Hirn von häßlichen, widerwärtigen, unfreundlichen oder ängstlichen Gedanken purgiert. Du schwitzt sozusagen Schritt für Schritt alles aus, was dir sonst das Leben vergiftet. Den Neid und die Sorgen, die Existenzangst und das Mißtrauen. Während du entlang einem Bergbach mit vielen Gumpen und kleinen Wasserflächen emporklimmst, hörst du vielleicht den Kuckuck schreien oder die Hirsche röhren, je nach Jahreszeit. Du beobachtest eine Eidechse, die sich auf einem Felsbrocken sonnt, und einen Eichelhäher, der die anderen Waldbewohner krächzend vor dir warnt. Du siehst möglicherweise auch ganz nah ein Rudel Gämsen oder ein paar Mankeis. Und auf einmal ist es dir scheißegal, ob dir das Finanzamt deinen Antrag auf Steuerstundung genehmigt oder nicht. Oder wie sich wohl die Kaufkraft unserer Währung weiterentwickelt, und ob man nicht lieber auf Pump irgendwelche Sachwerte anschaffen sollte. Und ob der dritte Backenzahn links unten womöglich doch nicht bloß ein kleines Loch hat, sondern vielleicht auf Eiter sitzt?

Alles das wird dir, wie gesagt, nach zwei Stunden Aufstieg so wurscht wie nur was. Denn wenn du überhaupt noch an etwas denkst, dann höchstens noch an dies: Dass du in einer weiteren halben Stunde auf der Hütte sein wirst. Und dass es dort eine herrliche, kühle Radlermaß gibt. Oder auch zwei.

Ja – und dann ist es endlich soweit: Du biegst um eine Ecke und hast einen weiten Almboden vor dir. Und das einzige, was ein bißchen Unfrieden in diese Idylle bringt, sind die Kühe. Nicht weil sie Glocken um den Hals haben. Sondern weil es, wo Kühe sind, auch Bremsen gibt. Das ist aber auch schon so ziemlich alles, was dich hier heroben daran erinnert, dass diese Welt nicht ganz in Ordnung ist.

Dann sitzt du auf der Bank vor der Hütte. Hast die erste Radlermaß bereits hineingeschüttet und auch schon halb wieder herausgeschwitzt. Streckst die Beine von dir, wartest auf dein Essen, bist müde, aber froh und glücklich. Und die Stadt und ganze Welt samt ihrer Unrast und ihren Sorgen kann dich heute. Aber schon gleich kreuzweise.

Und dann macht es auf einmal tüt-tüt-tüüüüt. Eine Stimme aus dem offenen Kuchlfenster meldet, beim letzten Ton dieses Zeitzeichens sei es 12 Uhr. Und dann hörst du Nachrichten. Wobei du als erstes erfährst, dass sich in der Außen- oder Innenpolitik schon wieder einmal sehr bedenkliche Konfliktsituationen anbahnen. Dass bei einem schweren Verkehrsunfall sieben Menschen getötet wurden. Dass man eine Bank ausgeraubt hat. Und dass leider der Butterberg im Gemeinsamen Markt bereits wieder sehr stark im Wachsen begriffen sei.

Das alles serviert man dir drahtlos mitten im höchsten Bergfrieden – also bitte, das ist wohl doch der

Gipfel! Noch dazu, wenn sich just jetzt die Hüttenwirtin aus dem Fenster lehnt und bekanntgibt: „Der Schmarrn is fertig." Mahlzeit!

Der Hüttenschreck

Bergsteiger pflegen sich abends, wenn sie genügend berggestiegen sind, in der Hütte um den Tisch zu setzen. Dann packt einer die Harmonika oder die Gitarre aus, ein anderer singt ein paar Gstanzl, und ein dritter erzählt Witze, die nicht immer gut, aber auch selten ganz neu sind. Und dabei kann es dann trotzdem recht zünftig werden. Es kann aber auch ausgesprochen ungemütlich sein. Dann nämlich, wenn ein Hüttenschreck in der Runde weilt.

Der Hüttenschreck ist ein Mensch, der aussieht wie andere Bergsteiger. Von solchen unterscheidet er sich dadurch, dass er in Wirklichkeit doch keiner ist. Sondern bloß ein Schwätzer. Eine Nervensäge. Ein Gschaftlhuber.

Es gibt keinen Aufstieg, den der Hüttenschreck nicht schon gemacht hätte. Und das nicht nur einmal, nein: Mindestens ein dutzendmal. Es gibt aber auch keinen Witz, den der Hüttenschreck nicht schon kennen würde, keine Geschichte, die er nicht schon vor Jahren gehört hätte. Deshalb winkt er jedesmal gelangweilt ab, wenn jemand außer ihm den Versuch machen sollte, etwas erzählen zu wollen.

Der Hüttenschreck kennt jeden Abkürzer und weiß immer ganz genau, wie übermorgen das Wetter wird, wobei er sich mit seiner Meinung meilenweit von der Ansicht der Fachleute distanziert, die ja doch bloß reden, ohne etwas zu wissen. Der Hüttenschreck weiß aber auch besser als irgend jemand sonst, wie ein ordentlicher Kaiserschmarren beschaffen sein muß. Und er weiß ebenso, dass man nirgendwo in den bayerischen und österreichischen Alpen einen gescheiten solchen bekommt, weil ihn unglücklicherweise überall die Hüttenwirtin und nicht er selbst zubereitet.

Nach dem bisher Gesagten ist es beinahe selbstverständlich, dass der Hüttenschreck die Gefahren der Berge als unerheblich betrachtet. Plötzlicher Wettersturz? Schon x-mal mitgemacht! Steinschlag? Aber geh zu – man muß halt ein bissl aufpassen! Natürlich, die Leute, die nicht ganz so klug sind wie der Hüttenschreck, denen mag so was schon einmal gefährlich werden. Aber die gehören eben auch nach Hause in die warme Stube und nicht ins Gebirge. Das meint jedenfalls der Hüttenschreck, der im übrigen schon etliche Male von einer Lawine verschüttet wurde und sich jedesmal aus eigener Kraft wieder herausgearbeitet hat. Gewußt wie, darauf kommt es eben an! Dann braucht man auch nicht die komischen Heinis von der Bergwacht und sonstige Wichtigtuer.

Am nächsten Vormittag, wenn die andern längst schon drei Stunden Aufstieg hinter sich haben, baut der Hüttenschreck den Liegestuhl vor der Hütte auf. Die einzige Mühe, die er sich während der nächsten Stunden macht, besteht darin, dass er sich ab und zu ein Bier herausholt und die Illustrierte umblättert. Und die einzigen Gefahren der Berge, die ihm wirklich drohen, sind mittelschwere Hautverbrennungen infolge übermäßigen Sonnenbadens. Am Abend wird er natürlich sagen, es handle sich um einen Gletscherbrand.

Ich habe mir schon oft überlegt, was man gegen den Hüttenschreck unternehmen könnte. Aber ich bin inzwischen zu der Erkenntnis gekommen, dass man ihn ruhig in Kauf nehmen sollte, denn er hat auch sein Gutes: Wenn nämlich ein Hüttenschreck unter uns weilt, dann haben wir wenigstens die Gewißheit, dass wir am Abend zeitig auf die Matratze kommen und am nächsten Tag ausgeschlafen haben. Sehr spät wird es nie, wenn ein Hüttenschreck in der Runde sitzt. Denn recht viel länger als zwei Stunden kann den Kerl keiner ertragen.

Gedanken von glücklichen Almkühen

(beim Anblick eines Bergwanderers)

Muh! Was is denn des für einer?
Muh: Das Gras da g'hört fei mir!
Muh – hau ab, du Bergzigeiner,
Muh! Sonst brüll ich nach'm Stier!

Muh! Jetzt latscht der durch mei Fressen!
Menschenskind, gib Obacht! Muh!
Soll ich ihn in' Hintern stess'n?
Mensch, hau ab – laß uns in Ruh!

Mei, was muß des Rindviech schnaufen!
Schwitzen tut er wie a Sau!
Da: Jetzt tut er Wasser saufen…
und jetzt kommt auch noch sei' Frau.

Könnts ihr net im Tal drunt' bleiben?
Muh! Von mir aus: Machts halt Rast…
d' Bremsen wer'n euch schon vertreiben,
wenn ihr euch da niederlasst.

TV
TV
TV
TV
TV
TV

Inhalt

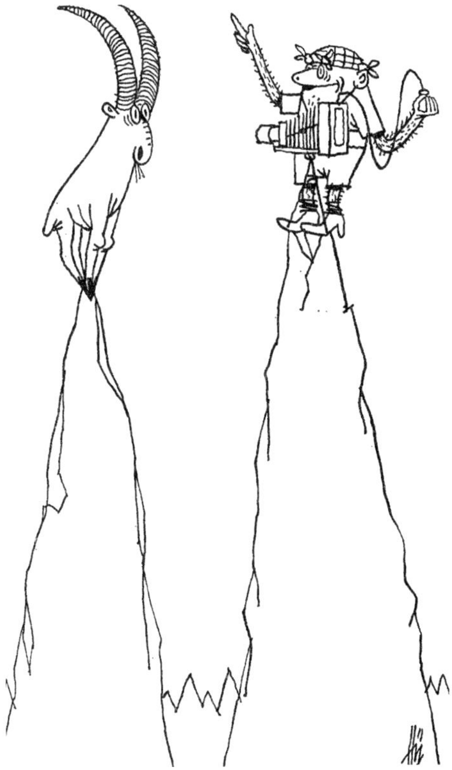

BERGSTATION
1800m
2

168 Seiten, geb., mit zahlreichen Abbildungen, € 14,–
ISBN 3-930156-05-0

160 Seiten, geb., mit zahlreichen Abbildungen, € 11,–
ISBN 3-930156-35-0